LES DROITS

DES
TROIS PUISSANCES ALLIÉES
SUR PLUSIEURS PROVINCES
DE LA RÉPUBLIQUE
DE POLOGNE;

Les Réflexions d'un Gentilhomme Polonois
fur les Lettres-Patentes & Prétentions de ces
trois Puiſſances;

Avec une Préface de l'Éditeur pour fervir
d'Introduction.

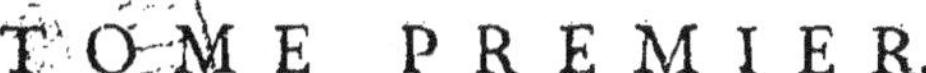

TOME PREMIER.

« —— La Politique eſt la Morale des Nations. L'objet
» de la Politique intérieure eſt de faire obſerver les
» Loix, tant naturelles que poſitives ou civiles, né-
» ceſſaires au maintien de l'ordre dans la Société
» particulière. L'objet de la Politique extérieure eſt
» de maintenir entre les Nations les Loix de la Na-
» ture, à l'aide d'un équilibre de Puiſſance, qui
» les empêche d'enfreindre les règles de l'équité,
» d'empiéter ſur leurs Droits réciproques, de violer
» les devoirs de la Morale, deſtinés également, &
» pour les Peuples, & pour les Citoyens d'un mê-
» me État ».

Syſtême Social, T. II, Chap. I.

Caminiec
Leopol
Luck
Cracovie
Siradz
Lecsyca
Bug R.
Brzesc
Minsk
Varsovie
Thorn
Posna
Polock
Novogrodeck
Vilna
RUSSE
Culm
Dantzk
Pomeranie
RUSSIE
POLOGNE
en 1772.

LES DROITS

DES

TROIS PUISSANCES ALLIÉES

SUR PLUSIEURS PROVINCES

DE LA RÉPUBLIQUE

DE POLOGNE;

Les Réflexions d'un Gentilhomme Polonois fur les Lettres-Patentes & Prétentions de ces trois Puiſſances ;

Avec une Préface de l'Éditeur pour fervir d'Introduction.

TOME PREMIER.

Quem admodum hoc accepturas Nationes exteras , quemadmodum hujus tui facti famam in regna aliorum , atque in ultimas terras perventuram putaſti ? Quum audierint —— viólatum Regem , fpoliatum hofpitem , ejectum —— focium atque amicum ? Nomen tuum odio atque acerbitati fcito Nationibus exteris —— fucurum.

Cicero in Verrem Orat. VI.

LONDRES.

M. DCC. LXXIV.

TABLE
DES MATIÈRES

Contenues dans la première Partie.

PRÉFACE

DE L'ÉDITEUR

POUR SERVIR

D'INTRODUCTION.

« LA cause de la Pologne est celle » de toutes les Nations », dit l'Auteur des Observations sur les Déclarations des Cours de Vienne, de Pétersbourg & de Berlin (1).

C'est aussi pour mettre les Nations en état de juger cette cause fameuse, que l'on a résolu de présenter au Public les pièces principales qui doivent servir à l'instruction d'un Procès, dont les fastes de l'Univers n'offrirent & n'offriront sans doute jamais d'exemple.

____

(1) Pag. 44, *in-*8°.

L'Ouvrage que l'on publie aujourd'hui, & que l'on divise en deux Parties, ne contient que les pièces les plus essentielles pour l'instruction de ce grand Procès. Dans la première Partie, nous donnerons les Recherches des Droits des trois Puissances Alliées sur quelques Provinces de la Pologne ; nous y ajouterons les Réfléxions d'un Gentilhomme Polonois sur les Lettres - Patentes & prétentions formées par la Cour de Vienne, de Pétersbourg & de Berlin.

Nous exposerons dans la seconde Partie la nullité & l'insuffisance de ces Droits, authentiquement prouvées & démontrées par l'Histoire & les Traités de ces Puissances mêmes, & garanties par plusieurs autres Cours de l'Europe ; & nous finirons cette seconde Partie par le Manifeste de la Confédération de Bar contre tout ce qui s'est fait dans ce grand Procès depuis le mois de Septembre 1772 : Epoque où ces trois Puissances Copartageantes, qui se disoient dans tous leurs écrits anciens de la Pologne, ont fait connoître leurs vues ambitieufes par des Lettres-Patentes. Au moyen de ces Pièces authentiques, on aura toutes les lumières néceffaires pour pouvoir prononcer avec impartialité fur une affaire qui fixe & qui doit fixer l'attention de toute l'Europe.

Nous avions deffein d'ajouter quelques Notes au Texte de ces Pièces que nous publions; mais une lecture plus réfléchie nous ayant convaincus qu'elles n'en étoient guères fufceptibles, nous nous fommes bornés à jetter fur le papier quelques réflexions analogues au fujet : elles ferviront d'Introduction.

Les Polonois font-ils fondés à fe plaindre de la manière dont les trois Cours en agiffent avec eux ? Ces trois Cours ont-elles fur la Pologne les droits qu'elles prétendent ? Voilà l'état de la queftion ; nous ne la déciderons point : mais nous oferons prendre la défenfe de l'opprimé contre les oppreffeurs, dûffent ceux-ci avoir la force de leur côté.

Si les Puiffances, qui ont donné lieu aux plaintes des Polonois, s'imaginent n'être comptables de leurs actions qu'au Tribunal de Dieu & de leur propre confcience, elles s'abufent (1). Elles doivent à leurs Sujets, elles doivent aux Princes leurs contemporains, elles doivent à leurs fucceffeurs l'exemple des vertus qui caractérifent les grands Rois; & parmi ces vertus, la juftice & la bonne-foi ne tiennent pas le moindre rang. Mais eft-il donc décidé que les trois Puiffances, qui font valoir leurs pré-

---

« (1) Il n'eft point de maxime plus propre „ à corrompre les Princes, & plus deftructive „ pour les Peuples, que celle qui perfuade „ aux uns & aux autres, que les Rois ne font „ comptables de leur conduite qu'à Dieu „ feul ».

Syftême Social, Tom. *II*, *Chap. X.*

tentions fur plufieurs Provinces de la Pologne, ne font pas fondées à le faire ? Sans entrer dans cette difcuf- fion que l'on laiffe à la pénétration & à l'équité du Lecteur, on ofe dire que, fuppofé même le bon droit des Cours-Unies, la manière dont elles ont entamé, pourfuivi & achevé le démembrement de la Pologne, eft auffi révoltante, auffi injufte, que la validité de leurs prétentions paroît équivoque.

   « Les Nations, dit l'Auteur déjà » cité des Obfervations, &c. (1) » n'ayant point de juge entre elles, » peuvent fans doute fe faire juftice » à elles - mêmes ; mais il eft inoui » qu'on fe la faffe avant qu'elle ait » été refufée, & c'eft une maxime » conftamment obfervée par tous les » Peuples de l'Europe, qu'avant d'ê- » tre autorifé à en venir aux voies

----

(1) Pag. 12.

» de fait, il faut avoir demandé, &
» n'avoir pas obtenu satisfaction ». Les
Rois, est - il dit dans une Note à la
même page, quelques puissans qu'ils
soient, ne cessent pas d'être hommes,
& à cet égard les mêmes devoirs de
justice & d'équité les obligent les uns
envers les autres, de la même manière
que les derniers de leurs sujets.

D'après ces maximes, que personne
n'osera désavouer, le Public, Juge,
quelquefois impartial, a déjà porté
son jugement, & sur la solidité des
Droits des Cours co - partageantes,
& sur la méthode de les faire valoir. Il
a admiré la constance d'un grand Roi
dans ses principes d'aggrandissement;
mais il a prononcé, en plaignant pourtant le sort des opprimés :

» La raison du plus fort
» Est toujours la meilleure (1).

Ce jugement ne fera sans doute
contredit de personne : il est juste, il

____

(1) La Fontaine, Fable X, Liv. I.

est vrai, mais il n'est pas tout-à-fait péremptoire. Il est un autre Tribunal devant lequel les Polonois ont porté leur cause ; c'est celui de la Justice universelle, à la jurisdiction de laquelle les Rois mêmes ne peuvent se soustraire. C'est-là que les prétentions des trois Cours sont pesées à la balance de l'Équité ; c'est-là que le système politique du Cabinet de Potsdam est remis à l'examen de la Raison & de la Probité ; c'est de-là, si les prétentions des trois Cours ne sont qu'illusoires, que se prononcera la Sentence terrible qui retentit toujours dans l'ame de l'usurpateur ; & qui le menaçant à chaque instant d'une chute qu'il ne peut éviter, semble le préparer à s'entendre dire un jour ce qu'autrefois un homme hardi osa dire à un Tyran : TON RÉGNE EST FINI ; TES SUJETS RÉVOLTÉS NE TE VEULENT PLUS POUR MAÎTRE &c. (1). En effet,

---

(1) C'étoit à Achmet, Empereur des Turcs.

comment les trois Puiſſances, qui viennent de ſe partager la Pologne, (en leur accordant même que leurs Droits ſont fondés) peuvent - elles prétendre à l'amour, à la fidélité de leurs nouveaux Sujets ? Comment Frédéric, lui qui eſt le moteur de cette révolution inouie, peut - il ſe flatter de la ſoumiſſion d'un Peuple qui ne ſe courbe, qu'en frémiſſant, ſous le joug qu'on lui impoſe ? L'injuſtice & la violence ne firent jamais que des rebelles audacieux, ou des eſclaves, d'autant plus à redouter, qu'ils n'étoient point faits pour l'être, & qu'ils n'attendent que le ſignal que leur promet la fortune, pour rompre leurs fers, devenus entre leurs mains l'inſtrument de leur vengeance & de leur liberté.

« Un Prince, dit Machiavel lui-
» même (1), qui n'a point d'autre

---

(1) Le Prince de Machiavel, ch. 25.

» appui que la fortune, ne manque
» pas de changer comme elle ». Cette
maxime eſt ſi conſtamment vraie, que
l'on s'étonne de voir certains Princes
oſer ſe repoſer ſur la ſolidité d'un
Trône, qui, élevé par cette Déeſſe
volage, peut, du jour au lendemain,
être renverſé par les mêmes mains qui
le posèrent.

Qu'un Roi, autrefois aimé de ſes
Sujets, & digne de l'être, abuſe, pour
les opprimer, de l'autorité qui lui a
été tranſmiſe par une longue ſuite de
Souverains ſes ancêtres, la Nation
étonnée oſera peut-être ſe plaindre :
les Miniſtres des Loix, défenſeurs du
Peuple contre l'autorité arbitraire,
feront le généreux ſacrifice de leurs
fortunes, de leur ſang, s'il le faut,
pour tâcher d'élever une utile barriere
entre le pouvoir légitime, qui a été
accordé au Souverain, & le deſpotiſme qu'il voudroit y ſubſtituer. Et ſi
les plaintes du Peuple ſont vaines,
ſi les remontrances du Magiſtrat ſont

punies comme féditieufes, on verra le Sénat & le Peuple baiffer humblement la tête au joug qu'on leur préfente. On murmurera peut être, mais ce fera en obéiffant ; la Nation, accoutumée à croire que fon Roi ne tient fon autorité que de Dieu & de fon épée, n'ofera même penfer que le Monarque qui l'écrâfe à préfent, ne fut dans fon origine que la créature du Peuple (1). Le Trône d'un pareil Souverain eft, pour ainfi-dire, inébranlable, parce qu'il eft principalement fondé fur l'opinion ; & que de tous les liens qui fervent d'entraves aux

----

(1) Cum Reges a populo conftituantur, omnino fequi videtur, populum univerfum Rege potiorem effe. Neque enim propter centum plus minus homunciones, cæteris plerumque longe pejores & inferiores univerfos creatos potius quam illos horum caufa, dixeris. Ratio vero poftulat, ut is cujus ratione alius extitit, eodem potior cenfeatur. Vid. Lib. cui titulus vindiciæ contra Tyrannos. Quæftio 3 , pag. 62.

hommes, il n'en eſt point de plus forts
que ceux de cette Souveraine du
monde.

Mais, qu'un Prince qui ne voit que
d'hier ſa Couronne affermie ſur ſa
tête, dont le Trône, né avec ce ſiècle,
fut poſé par les mains du deſpotiſme ;
qui ne doit ſon titre qu'au caprice du
haſard, & ſa grandeur qu'au preſtige
d'un héroïſme peut-être équivoque,
& ſans doute exagérée ; qu'un tel
Prince ſe flatte d'enchaîner la fortune
& de tranſmettre intacte à ſes derniers neveux la gloire qui l'environne
& l'éblouit, c'eſt - là ce que l'on
pourroit appeller un beau ſonge que
l'expérience de tous les tems nous
aſſure ne devoir jamais ſe réaliſer.
Ce n'eſt pas, que le Prince dont il
s'agit ne ſoit digne du Diadême qu'il
porte. Il eſt peu de Rois connus dans
l'Hiſtoire, dont il n'eût pu effacer l'é-
clat, ſi, bornant ſon ambition à être
ce que nous avons cru le voir, un

grand Roi, il ne fe fut pas laiffé en-
traîner, à l'exemple dangereux d'étendre fa puiffance, en voulant dominer
fur des Nations qui pouvoient le regarder & le refpecter comme leur pro-
tecteur, mais jamais l'aimer comme
leur maître.

Mais laiffons-là des réflexions affez
inutiles, & un parallèle qui pourroit
paroître odieux. Voyons la marche
qu'a tenue le Roi de Pruffe; car on
ne doit confidérer les deux autres
Puiffances dans toute cette affaire,
que comme les inftrumens de l'ambition de Sa Majefté Pruffienne.

Perfonne n'ignore les prétentions
que forme ce Monarque fur plufieurs
domaines des pays limitrophes de fes
États. La Siléfie a été enlevée; la
Pruffe-Polonoife vient de l'être; la
Gueldre-Hollandoife, la Poméranie-
Suédoife & bien d'autres, le feront à
leur tour. Habile à faifir les circonftances, & prompt à en tirer tout l'a-

vantage

vantage qu'elles laiſſent entrevoir, Frédéric, s'eſt fait, ſur les facilités de reculer les bornes de ſes États, une politique qui lui eſt propre. « Je me fi-
» xai à la Siléſie, (fait - on dire à ce
» Monarque dans les entretiens ſur
» l'art de régner) parce que cet objet
» méritoit plus que tous les autres mon
» attention, & que les circonſtances
» m'étoient plus favorables ! --- Voici
» comme elles ſe préſentèrent. La
» France vouloit ôter l'Empire à la
» Maiſon d'Autriche, je ne deman-
» dois pas mieux. La France vouloit
» faire en Italie un État à l'Infant ;
» j'en étois charmé, parce qu'on ne
» pouvoit le faire qu'aux dépens de
» la Reine (de Hongrie.) La France
» enfin conçut le noble projet d'aller
» aux portes de Vienne; c'eſt où je
» l'attendois pour m'emparer de la Si-
» léſie. Ayez donc, mon cher Neveu,
» de l'argent, pourſuit le Monarque ;
» donnez un air de ſupériorité à vos

» troupes : attendez les circonſtances, » & vous ſerez aſſuré, non pas de » conſerver vos États, mais de les » aggrandir » (1). Frédéric raiſonna ainſi, & s'empara de la Siléſie ; tout le monde ſait de quelle manière. Les mêmes raiſonnemens ont dirigé les opérations de ſon Cabinet, pour le conduire ſans riſque à l'envahiſſement des Provinces démembrées de la Pologne, qu'il vient d'incorporer à ſes autres Domaines.

Il falloit pourtant mettre en œuvre une politique plus rafinée, quoique toujours formée ſur le même plan, & par conſéquent dirigée vers le même but. Quoique allié de la Cour de Pétersbourg, on ne ſauroit le ſoupçonner d'avoir voulu prêter ſon ſecours & ſes armes à cette Puiſſance pour envahir la Pologne.

---

(1) Entretiens ſur l'Art de régner ; cinquième Soirée, pag. 20.

Frédéric eſt trop bon politique pour ne pas voir que la Puiſſance la plus formidable du Nord ajoutant à ſon Empire le Royaume de Pologne, ſe frayeroit la route à l'envahiſſement de la Pruſſe Brandebourgeoiſe, & répandroit l'allarme dans tous les États voiſins de la République de Pologne.

Qu'a donc prétendu faire le Roi de Pruſſe en s'uniſſant étoitement avec la Ruſſie ? Lui inſpirer une certaine confiance, pour ménager plus ſûrement ſa ruine, ou du moins ſon affoibliſſement ; perſuadé qu'une entrepriſe au-deſſus de ſes forces l'épuiſeroit & ne pourroit manquer d'exciter des troubles dont il attendoit les plus grands avantages.

Toujours attentif à tendre à ſon but, il ne ceſſoit d'inſinuer à ſon Alliée que rien ne ſeroit plus glorieux pour elle que de relever en Pologne l'État des Grecs déſunis & des Diſſidens. Prévoyant bien que rien n'étoit plus propre à révolter la Nation qui, réclamant l'appui de la Porte, fa fidèle alliée feroit naître une guerre entre elle & la Ruffie.

A l'aide de tant de circonftances fi adroitement ménagées, il préparoit de loin les moyens de s'établir dans les meilleures Provinces de la Pologne, ce qu'il n'a que trop bien exécuté.

C'eft dans cette vue qu'il faifoit animer fous-main, par fes Agens, les Confédérés contre les Ruffes & le Roi de Pologne, afin de perpétuer & d'accroître les troubles & les divifions. Très fatisfait d'ailleurs de voir que la Porte, la Ruffie & la Pologne avoient à fupporter tout le poids d'une guerre ruineufe qui les épuifoit.

C'eft ainfi que ces trois Puiffances, féduites par la politique infidieufe du Roi de Pruffe, rempliffoient exactement fes vues, & lui ménageoient le dénouement, après lequel il foupiroit pour l'exécution de fes projets.

Il faut cependant convenir que tout auroit changé de face, si les Puissances amies de la Pologne avoient été plus zélées pour ses intérêts.

Frédéric eût été contraint de se contenter des contributions exorbitantes qu'il avoit exigées des malheureuses Provinces où il avoit fait vivre ses troupes aux dépens des Polonois.

Au lieu qu'aucune Puissance n'ayant pris les armes pour sa défense, il a vu croître ses espérances & ses desirs insatiables de s'aggrandir. Tout semble avoir concouru à favoriser son usurpation des meilleures Provinces de la Pologne.

Ce malheureux Royaume étoit divisé par l'élection forcée d'un Roi, que toute la Nation auroit vu avec plaisir sur le Trône, s'il y étoit monté par la liberté des suffrages. Une Puissance étrangère, la Russie, changeoit arbitrairement toute la forme du Gouvernement Polonois, pour s'assujettir le Roi qu'elle avoit fait, & avec lui

b 3

la Nation, à laquelle elle préparoit des fers. La haîne de Religion élevoit entre les Diffidens & les Catholiques un mur de féparation, qui, en divifant les intérêts de la Nation, menaçoit l'État d'une ruine prochaine. Le prétexte de maintenir ou de rétablir la tranquillité rempliffoit le Royaume de troupes Ruffes, qui, dans un pays qu'elles venoient, difoit-on, défendre & protéger, fe conduifoient avec toute la licence d'une foldatefque indifciplinée. Des Miniftres hautains (1),

---

(1) Parmi une foule de preuves que l'on pourroit donner de la hauteur des Envoyés de Ruffie, on ne s'arrêtera qu'à celle-ci. « Je me » fuis réfolu (écrit le Baron de Saldern, à » M. le Comte Oginski, Grand-Général de » Lithuanie) de ne plus parler raifon à celui » qui n'en a pas.--- L'Ambaffadeur vous ré- » pète les ordres de fa Souveraine, de vous » rendre à Varfovie, fi vous voulez jamais » être digne de fa protection : fi vous les mé- » prifez vous en fentirez les effets, fans que

endoctrinés par une Cour accoutumée
à ne commander qu'à des esclaves,
gouvernoient la Nation, à laquelle
ils n'étoient envoyés que comme les
Miniſtres d'une Puiſſance amie & pro-
tectrice, avec un ſceptre de fer; &
faiſoient ſentir avec hauteur, quelquefois même avec inſolence à Staniſlas
Auguſte, la dépendance où il étoit de
la main qui l'avoit porté ſur le Trône.
La Confédération de Radom avoit en-
fanté la Confédération de Bar; la diſ-
corde auſſi-tôt ſecoua ſon funeſte flambeau ſur la malheureuſe Pologne; les
Citoyens ſe livrèrent dès-lors à toutes
les atrocités des guerres civiles. Ce
Royaume devenu le théâtre de toutes
les horreurs, fut inondé du ſang de
ſes propres habitans; --- il fut teint de
celui de ſon Roi. La Nation Polonoiſe

» j'aie beſoin de vous menacer. » On peut
voir la lettre entière, qui eſt du 21 Juin 1771,
dans les Réflexions politiques ſur la Pologne,
pag. 144.

b 4

n'étoit plus , du moins elle s'étoit fi fort épuifée que l'on pouvoit tout ofer contre elle. C'étoit où Frédéric l'attendoit. Les circonftances ne pouvoient être plus favorables ; il les faifit.

Il ne pouvoit avoir de fcrupule fur la validité des prétentions qu'il alloit faire éclater ; il avoit eu la précaution de les faire établir dans le fecret du Cabinet , par ces hommes éloquents (& bons Logiciens fans doute) qu'il nourrit à fa Cour , & auxquels il laiffe le foin de le juftifier (1). Mais une difficulté fe préfentoit ; la Maifon d'Autriche verroit - elle avec indifférence un voifin , déjà fi puiffant , prendre un accroiffement fi confidérable , qui pourroit fuffire un jour à l'écrâfer elle-même ? La Ruffie fouffriroit-elle qu'à fes yeux & au mépris de fes armes on dépouillât de la meilleure partie de leurs biens un Roi, une Nation qu'elle

---

(1) Art de Régner , cinquième Soirée , p. 21.

difoit protéger actuellement, & à qui
elle venoit de garantir tout récem-
ment « les Provinces que la Républi-
» que de Pologne poffede en Europe--
» la conftitution actuelle du Gouver-
» nement Polonois, le maintien de
» fes Loix & de fa Liberté (1) »?

Mais ces difficultés s'applanirent.
Quelle confidération pourroit arrêter
un Prince qui a pour maxime, « qu'il
» eft important à un Roi de s'écarter
» fouvent des routes ordinaires ; que
» ce n'eft que par le merveilleux qu'on
» en impofe & qu'on fe fait un nom---
» Que toutes fes vertus ne font ap-
» puyées que fur fes intérêts & fon
» ambition-- Que qui veut paffer pour
» Héros, doit s'approcher hardiment
» du crime, que qui veut paffer pour
» fage doit fe contrefaire avec art (2) »?

---

(1) Traité de 1768 entre la Ruffie & la Pologne, art. premier, § 2 & 5.

(2) Art de Régner, cinquième Soirée, p. 21 ;
quatrième Soirée, pag. 19.

Auſſi par un de ces miracles de la **Po**-
litique, qu'il n'eſt donné qu'aux grands
génies d'opérer, les Cours de Vienne
& de Péterſbourg eurent bientôt des
prétentions légitimes ſur pluſieurs Diſtricts de la Pologne ; & ce qui doit
peut - être étonner davantage, c'eſt
qu'elles ayent oublié leur dignité juſqu'au point de faire valoir ces prétendus droits, & de ſe mettre dans la
poſſeſſion actuelle des Pays à elles aſſi-
gnés par le Conſeil du Cabinet de
Poſtdam. Tout le monde ſait comment le Triumvirat (1) couronné s'eſt
emporté dans cette priſe de poſſeſſion ;
tout le monde prévoit comment il ſe

---

(1) De quelque ſexe que ſoit un Souverain,
comme Chef de ſa Nation, il repréſente l'État.
Ce n'eſt que par l'abus que l'on a fait de la
bonne volonté des Peuples, que les femmes ont
droit à certains Trônes. Au reſte les deux Princeſſes, dont il eſt ici queſtion, méritent bien
l'éloge que l'on a fait d'une autre grande Reine, en l'appellant *Rex Eliſabeth.*

comportera lors de la tenue de la Diète générale (si elle a lieu) qui doit donner sa sanction aux droits des Puissances respectives.

C'est contre ces opérations des trois Cours, c'est sur-tout contre celles de la Cour de Berlin que les Polonois portent leurs plaintes au Tribunal des Nations. C'est ce qui a donné lieu à tous ces écrits, dans lesquels on recherche quels peuvent être les droits des trois Puissances ; quel peut être le fondement de ceux de la Maison de Brandebourg. Dans l'un de ces écrits (1), on semble prévoir que le Monarque Prussien ne s'arrêtera pas si-tôt ; & qu'il n'attend que de nouvelles circonstances pour faire voir à une des deux autres Cours qu'il a des prétentions très-fondées sur certains territoires qui ont appartenus autrefois à

______

(1) Les Réflexions d'un Gentilhomme Polonois.

un Ordre célèbre. On verra, dit l'Auteur, s'élever le Royaume Baltique. La prédiction pourroit se vérifier ; mais le moment en paroît encore éloigné, & l'on est tenté de croire, qu'avant d'en venir là, le Grand Frédéric aura su se procurer d'un autre côté un nouvel arrondissement à ses vastes Domaines. *Nil pudet assuetos sceptris,* dit Lucain quelque part ; que de Rois ont vérifié cette maxime, & que l'Europe a bien à craindre, si elle s'endort plus long-tems sur ses intérêts, que le Salomon du Nord ne s'en serve un jour pour essayer de la mettre toute entière dans ses fers!

On a reproché à Louis XIV la brillante chimère de la Monarchie universelle ; on s'est trompé. Ce Monarque, à qui les flatteurs & d'éclatantes victoires avoient fait tourner la tête, n'aimoit que le faste, & la gloire puérile de porter le nom de Grand, qu'il eut, & ne mérita jamais. Il mit toute l'Europe en feu ; ſes armes eurent long-tems les plus brillants ſuccès, par des Provinces qui étoient à ſa bienſéance il arrondit ſon Royaume ; il ſe crut Grand, il ſe crut heureux. Mais cet homme immortel (1), qui n'avoit d'autre appui que la fortune, vit s'éclipſer toute ſa gloire, lorſqu'elle fut laſſe de le ſoutenir. Et l'on diroit que ce Monarque ſi puiſſant, ſi fier, ſi craint, ſi révèré, ne vit prolonger un règne qui n'avoit déja que trop duré, que

---

(1) La plus baſſe, la plus criminelle adulation érigea des monumens à Louis XIV, qui ne pouvoient être que l'ouvrage de vils eſclaves. Les Romains, dans les fers, défièrent leurs Tyrans ; les François, par leur *viro immortali*, dont ils honorèrent leur Deſpote durant ſa vie, en croyant n'éternifer que le prétendu héroïſme de Louis, perpétuèrent leur baſſeſſe & les marques de leur ſervitude.

pour laiſſer aux Rois un exemple terrible de l'inſtabilité des faveurs de la fortune. Le remords, la honte, l'ignominie ne l'abandonnèrent plus ; le mépris des Nations, l'exécration de ſes Sujets le ſuivirent au tombeau ; & ſon Succeſſeur, en prenant les rênes d'un Empire épuiſé par des guerres auſſi injuſtes, auſſi inutiles qu'elles furent fréquentes, monta ſur un Trône, teint du ſang de vingt Nations, & inondé des pleurs de ſon Peuple. Cet homme n'étoit pas fait pour tenir le ſceptre de la Monarchie univerſelle.

Frédéric, que nous qui vivons encore, avons décoré auſſi du titre de Grand, qu'il parut mériter quelques inſtans, a la même ambition que l'on a reprochée au faſtueux Monarque des François ; mais plus politique & moins vain, s'il entreprend des guerres, il n'en fait que d'utiles ; chaque campagne lui vaut une Province. Dans le silence de la paix, il s'occupe constamment des moyens d'augmenter ses conquêtes ; & celles qu'il ne veut pas devoir à la terreur de ses armes, il sait se les assurer par les ruses de sa politique. Si jamais Monarque fut sur la route qui conduit à la Monarchie universelle, c'est sans doute Frédéric le Grand ; & si cette chimère pouvoit jamais se réaliser, quel autre mieux que Frédéric pourroit prétendre à cette gloire ?

Ce n'est donc pas sans raison que l'Auteur des Réflexions dit que : « l'Europe doit trembler & se pré- » parer à recevoir les fers que l'on » forge pour elle ». Un Prince, qui s'est imbu des principes de Machiavel en le réfutant, ne voit dans tous ses projets que l'utilité présente. Comme, selon ses principes, « tout dé- » pend de la constance & du cou- » rage de celui qui prend ; ---- qu'il

‽ doit toujours tenter, & être bien ‽ perſuadé que tout lui convient, ‽ mais qu'il doit ſeulement prendre ‽ garde de ne pas afficher avec trop ‽ de vanité ſes Prétentions ; ‽ (1) on le verra tour à tour emprunter toutes les formes qui conviendront le mieux à ſon ambition & à ſes intérêts. Il ſera tour à tour ou Philippe, ou Alexandre.

O ! Frédéric, toi que l'on crut long-tems le modèle des grands Rois ! Toi qui pouvois, qui devois l'être, par quelle fatalité as-tu ſacrifié l'amour, la vénération des Peuples à la gloire fatale & dangéreuſe d'en être le fléau & la terreur ? Nous qui t'avons admiré, nous qui t'aurions cru digne de tous les Trônes, ſi, comme tu ſemblois le promettre, tu

(1) Art de Régner , cinquième Soirée, pag. 21.

n'avois

n'avois ambitionné que la solide gloire d'affermir le tien par la justice, & par ton amour pour ton Peuple, devions-nous te voir descendre au niveau des Rois ordinaires ! Pouvons-nous reconnoître dans Frédéric, dépouillant un Roi qu'il avoit promis de protéger, ce Prince sage & philosophe, qui disoit à un jeune Prince son Eleve :

   » Je ne vous offre point Attila pour modèle,
   » Je veux un Héros juste, un Tite, un Marc-
       Aurele,
   » Un Trajan, des Humains, & l'exemple &
       l'honneur,
   » Que la vertu couronne ainsi que la valeur.
   » Tombent tous les lauriers du front de la Vic-
       toire,
   » Plutôt que l'injustice en ternisse la gloire (1).

Dis, n'étoit-ce là qu'un enthousiasme poëtique, ou étoient-ce les vrais sentimens de ton cœur ? Si ces hom-

---

(1) Art de la Guerre, Chant premier, dans les Œuvres du Poëte de Sans-Souci.

mes divins que tu proposes à ton Éle-
ve pour modèles , furent les tiens ,
imite-les ; sois juste comme eux , &
tu sera plus qu'eux encore ; ils eurent des défauts que tu n'as pas. Ton
front est ceint de lauriers que tu mé-
ritas par de vrais exploits ; mais tu
viens d'en ternir la gloire ; sois juste,
c'est le seul moyen d'éviter que le dé-
sespoir d'une Nation que tu oppri-
mes , ne te les arrache avec ignominie. Sois juste ; rends à la Pologne
sa Liberté , la Paix , les Citoyens , les
Provinces que ta politique cruelle &
insidieuse lui enlève , tu redeviendras
ce Grand Frédéric digne des hommages de tous les Peuples. Ramènes
par ton exemple & par la force de
tes raisons les deux Puissances tes
co-alliées aux sentimens d'équité qui
les distinguèrent toujours. Fais le bonheur de tes Peuples , & contribue à
celui de tes voisins. Tu le peux , tu
le dois. O ! Frédéric , « cette gloire

» n'eſt-elle pas plus touchante que
» celle de ravager la terre, de ré-
» pandre par-tout, & preſqu'autant
» chez ſoi, au milieu même des vic-
» toires, que chez les étrangers vain-
» cus, le carnage, le trouble, l'hor-
» reur, la langueur, la conſterna-
» tion, la cruelle faim, & le déſeſ-
» poir ? O ! heureux le Roi aſſez ai-
» mé des Dieux, & d'un cœur aſſez
» grand, pour entreprendre d'être
» ainſi les délices des Peuples, &
» de montrer à tous les ſiécles dans
» ſon régne un ſi charmant ſpecta-
» cle ! La terre entière, loin de ſe
» défendre de ſa puiſſance par des
» combats, viendroit à ſes pieds le
» prier de régner ſur elle » (1). Voilà
tes devoirs ; ſi tu les remplis, tu re-
deviens un Héros : ſi tu les négli-
ges, ſi une porte d'airain ferme à

____

(1) Avantures de Télémaque, Liv. XII.

la juftice & à l'équité l'entrée de ton cœur, tu ne mérites pas même de ramper dans la foule des Rois ordinaires ; la Poftérité, qui ne te craindra pas, te mettra au rang où tu dois être.

Et toi, Nation malheureufe, toi dont les divifions ont caufé la ruine, quel efpoir te refte-t-il pour reprendre dans l'Europe le rang que l'on vient de t'enlever ? Quelle heureufe révolution te rendra tes Provinces envahies ; tes Citoyens exilés ou profcrits ; & le plus précieux de tous les biens, ta Liberté écrâfée, anéantie fous le triple pouvoir de l'injuftice, du defpotifme & de l'anarchie ? Tu fus libre, tu peux l'être encore. Montre à l'Univers ce que peut la valeur, quand elle eft armée par la juftice, pour fe fouftraire à l'oppreffion.

Polonois, penfez tous comme le digne Compatriote qui a fi bien défendu les droits de fa Patrie (1). Il vaut mieux périr libre & honoré de fes contemporains & de la poftérité, que de vivre accablé de leur mépris, plus odieux peut-être que les fers de la fervitude même. Les Saguntins préférèrent la mort à l'efclavage, aux dures conditions que vouloit leur impofer un féroce vainqueur (2). An-

___

(1) *Voyez* la fin des Réflexions d'un Gentilhomme Polonois, &c.

(2) L'action des Saguntins a quelque chofe de fi noble & de fi grand dans fa férocité, qu'il n'eft point d'éloges qu'elle ne mérite. « Ad hæc au-
» dienda (pacem ab Annibale oblatam) quum
» circumfufa paulatim multitudine, permif-
» tum fenatui effet populi concilium ; re-
» pente primores feceffione facta (priuf-
» quam refponfum daretur) argentum au-
» rumque omne ex publico privatoque in fo-
» rum collocatum, in ignem ad id raptim
» factum conjicientes, eodem plerique femet
» ipfos præcipitaverunt —— (& Paulo poft)
» totis viribus aggreffus urbem (Annibal)

nibal ne remporta de fa victoire contre ce Peuple généreux, que l'affreux
plaifir d'entrer dans une Ville, dont
les ruines fumoient encore de l'em-
brâfement que le défefpoir , guidé
par l'amour de la liberté, y avoit al-
lumé. Vous ne ferez point réduits à
cette cruelle extrêmité. Soyez unis ;
que le Monarque , qu'une force fu-
périeure vous a donné, devienne votre Roi légitime par l'unanimité de
vos fuffrages & de vos fentimens ;
il femble le mériter. Guidés par lui
& par la juftice de votre caufe, ofez

» momento cepit ; figno dato , ut omnes pu-
» beres interficerentur : quod imperium cru-
» dele , ceterum propre neceffarium cogni-
» tum in ipfo eventu eft. Cui enim parci po-
» tuit ex iis , qui aut inclufi cum conjugibus
» ac liberis domos fuper fe ipfos concremave-
» runt , aut armati nullum ante finem pugnæ
» quam morientes fecerunt ? Tit. Livius hift.
» L. 2 1. »

au moins défendre ce qui vous reste ;
ce que l'on ne tardera pas à vous
enlever encore , si vous restez divisés , si votre antique valeur ne se ré-
veille pas au bruit du dernier péril
qui vous menace. Vous serez secou-
rus , vous serez rétablis. Osez ; **vos**
ennemis eux - mêmes bientôt **seront**
divisés..... Polonois, il faut vaincre , rompre vos fers , ou mourir libres.

Condamne qui voudra cet enthousiasme que l'amour de la liberté
nous inspire. Citoyen d'une Nation
libre , nous oserions dire au Chef
même que nous nous sommes don-
né ; n'attentes pas à nos droits , laiss-
ses - nous libres , ou descends d'un
Trône sur lequel on ne te plaça que
parce qu'on t'en crut digne. Ce que
nous dirions à notre Roi , nous le
disons à tous les Souverains ; Mo-
narques de la terre , respectez les

droits, la liberté des Peuples! Nations, sacrifiez tout au maintien de vos droits, de votre liberté.

LES DROITS
DE LA
COURONNE DE HONGRIE
SUR LA RUSSIE-ROUGE
ET SUR LA PODOLIE;
AINSI QUE DE LA
COURONNE DE BOHEME
SUR LES DUCHÉS
D'OSWIÉTZIM ET DE ZATOR.

D'APRÈS le témoignage des hiftoriens des onzième & douzième fiecles, les plus dignes de foi, Hongrois & Polonois, & plufieurs autres documens des plus authentiques, les Rois de Hongrie ont poffédé alors, & même dans des tems plus reculés, en vertu des droits les plus légitimes, le royaume de la Petite-Ruffie ou Ruffie - Rouge (1); & conféquemment

____

(1) Regnum Ruffiæ.

Tome I.   A

entr'autres la partie de ce Royaume qui contient les deux importantes provinces de Galicie & Lodomérie , dont la première s'étend fort avant dans la Podolie , & la feconde fur une grande partie de Volhynie ; ainfi que le diftrict de Premiflaw , & autres dépendances confidérables.

Voici en premier lieu comment s'exprime à cet égard Alexandre Guagnini dans la *Chorographia Poloniæ* :

« La province de Galicie ou Halicz eft la
» partie de la Ruffie qui confine à la Hongrie
» & à la Tranfilvanie ; lorfque la Ruffie fut
» démembrée , les provinces de Halicz & de
» Lodomérie (noms qu'elles reçurent de leurs
» capitales) échurent au royaume de Hon-
» grie (1).

Michow , dans la collection de Piftorius , avance à-peu-près la même chofe ; il dit : « que la
» province de Halicz ou Galicie obéiffoit an-
» ciennement à des Ducs Ruffes ; & que ces
» derniers s'étant engagés dans des partis

______

(1) Halicia feu Galicia eft pars Ruffiæ contigua Hungariæ & Tranfilvaniæ , quâ in plures partes divifâ , Hungaris duæ potiffimum cefferunt , Halicienfis nimirum & Vladomirienfis , utraque ab oppido nomen accepit.

» différens, se mirent, les uns sous la protec-
» tion des Hongrois, les autres sous celle des
» Polonois (1) ».

L'Auteur des Annales de Hildesheim rapporte
à l'an 1031, « que Henri, Duc de Russie, fils
» du Roi Etienne de Hongrie, fut tué à la
» chasse par un sanglier (2) ».

L'expédition en Russie de Saint Ladislas de
l'an 1084 est un fait très-connu. Turoccius
en parle en ces termes : « ensuite le Roi entra
» à main armée dans la Russie dont les habi-
» tans avoient porté les Huns à faire une in-
» vasion en Hongrie. Les Russes se voyant ser-
» rés de près, implorèrent la clémence du
» Roi qui leur fit grace, après qu'ils eurent
» promis de rester fideles à l'avenir (3) ».

---

(1) Parebat Halicia seu Galicia Ducibus Russiæ,
qui in partes plures divisi, alii Hungarorum Polonorum alii auxilia sequebantur.

(2) Henricus (Ungaris Emericus) Stephani Regis filius, Dux Ruissorum (Russorum) in venatione
ab apro discissus periit flebiliter mortuus.

(3) Post hæc Rex gloriosissimus invasit Russiam,
eo quòd cunni per consilium eorum Hungariam in-
traverant, cumque vidissent se Rutheni male coarc-
tari, rogaverunt Regis clementiam & promiserunt
Regi fidelitatem in omnibus quos Rex piissimus gra-
tanter accepit.

L'Hiſtorien Michow fait encore mention d'un Duc de Halicz, fils naturel du Roi Coloman, ſucceſſeur de Saint Ladiſlas (1).

Les annales publiées par l'Académie de Pétersbourg, confirment en plus d'un endroit ces anciens droits de la Couronne de Hongrie.

Il y eſt rapporté à l'an 1209 : « que les Hongrois ôterent le duché de Halicz à Valadomir Igorevitz, & le donnerent à Romain Igorevitz, frere de Valadomir (2) ».

A l'an 1212, « que les Haliciens, mécontens du gouvernement de Romain Igorevitz, s'en plaignirent ſecretement aux Hongrois, & firent périr, de concert avec eux, le Duc ſon frere & toute ſa famille, par le ſupplice (3) ».

A l'an 1213 : « que le Roi de Hongrie confera le royaume de Halicz à ſon fils (4) ».

---

(1) Lib. III. cap. 15.

(2) Hoc eodem anno Ungari ejecto ex Haliciâ Duce Valadimero Igorevicio Romanum Igorevicium fratrem ejus Ducem conſtituerunt.

(3) Halicienſes dominatione Romani Igorevicii, non contenti informatis clam de tyrannide ejus Hungaris & ſecum adductis tam Ducem quam fratrem ejus unà cum familiâ ſuſpendio ſuſtulerunt.

(4) Rex Hungariæ filium ſuum in Haliciâ Regem conſtituit.

A l'an 118 : « que les Hongrois chaffèrent
» Mièciflas, petit fils de Romain, & remi-
» rent le gouvernement entre les mains du
» fils de leur Roi (1) ».

Aux années 1221 & 1228 : « qu'à la vérité
» Mièciflas fut rétabli ; mais fous la condition
» expreffe qu'il reconnoîtroit la fouveraineté
» des Rois de Hongrie (2) ».

Ce que l'hiftorien Keza rapporte au fujet du
couronnement de Bela IV, Roi de Hongrie ;
offre un exemple & une preuve évidente de
cette fouveraineté. « Les Duc de Halicz, dit-il,
» conduifit le cheval du Roi en figne de vaffe-
« lage ».

De plus, on lit dans Bonfinius : « qu'à la
» mort des Rois de Hongrie, les Ruffes fe fai-
» foient rafer la barbe en démonftration de
» deuil (3) ».

---

(1) Eodem anno Hungari ex Haliciâ ejiciunt
Mftiflaum Mftiflavicium Nepotem Romani & filium
Regis iterum conftituunt.

(2) Miftiflaus Micfiflavicius reftitutus quidem
fuit in provinciam, fed Regibus Hungariæ cliente-
lari jure obnoxius manfit.

(3) Ruffi defunctos Reges Hungariæ rafâ barbâ
lugebant.

Une lettre d'André II, Roi de Hongrie, au Pape Innocent III, confervée dans les annales Eccléfiaftiques de Raynaldus, de l'an 1214, (Voyez piéces juftificatives n°. I.) confirme le témoignage des annales Ruffes, citées ci-def-fus, & contient entr'autres ce qui fuit :

« Nous donnons avis à Votre Sainteté, que » les États & le Peuple de Galicz, *fujets à* » *notre domination*, nous ont prié de leur ac-» corder notre fils Coloman pour Roi (1) ».

Coloman fut effectivement facré & cou-ronné Roi de Galiez par l'Archevêque de Gran, comme on peut le voir plus amplement dans la lettre ci-jointe, (n°. II.) du Pape Honorius II à celle du Roi André, qui eft auffi rapportée par Raynaldus à l'an 1222.

Ce qui acheve enfin de mettre en évidence la certitude des droits que la Hongrie avoit anciennement fur les provinces en queftion,

---

(1) Noverit igitur Sanctitas Veftra quod Haliciæ principes & populus, *noftra ditioni fubjecti* : humi-liter à nobis poftularunt ut filium noftrum Coloma-num ipfis in Regem præficeremus in unitate & obe-dientiâ facro fanctæ Romanæ Ecclefiæ perfeveraturis in pofterum, falvo tamen eo quod fas illis fit, alias à ritu proprio non recedere.

c'eſt que dans pluſieurs ſceaux & documens des anciens Rois de Hongrie conſervés en original dans nos archives , ceux-ci prennent conſtamment les titres & les armes de Galicz & de Lodomérie. Il en exiſte nommément des Rois :

Bela III , de 1190 , chez Lucius (1).

André II , de 1211 , 1221 & 1222.

Bela IV , de 1243 , 1257 & 1269.

Ladiſlas IV , de 1272 , 1277 , 1280.

André III , de 1297 & 1298.

Charles Robert , de 1304.

Enfin Louis I , de 1353 , encore avant ſon avenement au trône de Pologne.

Au ſujet du dernier de ces Rois , la chroni-que de Turoccius (2) contient deux paſſages tranſcrits de la main de Jean , Archidiacre de Kikulew , ſon Secrétaire & ſon Chapelain , qui méritent d'être rapportés.

Voici le premier : « Enſuite le Roi , à la tête » d'une armée compoſée en partie de troupes » nationales & en partie étrangères , tomba » ſur les Lithuaniens , qui infeſtoient les ter- » res des Chrétiens , & principalement ſon » royaume de Ruſſie. Il ravagea la Lithuanie ,

-----

(1) Lib. III , cap. 12.
(2) Part. III , cap. 29 , 30.

A 4

» prit le Duc lui-même, & ne le relâcha que
» fous promeſſe d'obéiſſance & de fidélité (1).

» Dans la ſuite, eſt-il dit au ſecond paſ-
» ſage, il fut obligé de prendre les armes à
» deux repriſes, pour défendre le royaume de
» Ruſſie, dépendant de la couronne de Hon-
» grie, contre les irruptions des Lithuaniens.
» Après qu'il les eut défaits, il établit Pierre
» Banus, Eméric Evêque d'Agram, George
» Zudar, avec ſes freres, enſuite Eméric Be-
» bek, & enfin Jean de Capol ſes Lieutenans
» & Vaivodes, dans ce royaume de Ruſſie, qui,
» au nom de la Couronne & du Roi de Hon-
» grie, l'adminiſtrèrent ſagement & le défen-
» dirent avec valeur (2) ».

---

(1) Cæterum contrà Lithuanos Chriſtianis &
maxime regno ſuo Ruſſiæ inſultantes, perſonnaliter
cum exercitu copioſo & militiâ ſuâ propriâ necnon
aliis nationibus ad eum confluentibus, proficiſcens,
terris ipſorum ſeu tenutis, in magnâ parte devaſta-
tis, Duce eorum capto, ſed in continenti ſibi pro-
miſſionem de fidelitate & obedientiâ faciente liberato
feliciter ad Hungariam eſt reverſus.

(2) Poſteà binâ vice cum validâ gente ſuâ etiam
extraneâ ad regnum Ruſſiæ ſacræ Coronæ Hungaricæ
ſubjectum pro defenſione ejuſdem regni contrà Lithuanos eſt profectus, & fugatis hoſtibus ac fretus
victoriâ, potentes viros Petrum Banum primò, nec
non venerabilem in Chriſto Patrem Dominum Epiſ-

En vertu d'une tranfaction paſſée entre Caſimir III , Roi de Pologne, & Charles Robert Roi de Hongrie ; Louis , fils du dernier , fut déſigné fucceſſeur à la Couronne de Pologne, ſi ledit Caſimir , dont il étoit neveu par ſa mere, venoit à mourir ſans laiſſer d'hoirs mâles.

Louis , devenu Roi de Hongrie , céda de ſon côté audit Caſimir, en 1352, le royaume de Ruſſie (1) par un acte particulier , avec cette clauſe cependant, que s'il naiſſoit un fils à Caſimir, ce Royaume feroit reſtitué à la couronne de Hongrie pour la ſomme de 100,000 florins Hongrois ; mais que ſi Caſimir mouroit ſans laiſſer d'hoirs mâles, la Ruſſie feroit de nouveau réunie à la Couronne de Hongrie, en même tems que celle de Pologne écheoiroit à Louis, conformément au traité fait avec ſon pere.

On trouve cet acte en extrait dans Sommersberg (2), qui l'a tiré d'une collection de

---

copum Agrienſem ac Georgium Zudar confequenter fratres ejus & poſt hæc Emericum Bebeck & poſt cum Joannem de Capol ad regendum ipſum regnum Vaivodas feu Capitaneos præfecit qui Regnum prædictum bene & laudabiliter defenfantes ſub titulo : Sacræ Coronæ & regimine ejufdem Domini regis confervârunt.

(1) Regnum Ruſſiæ.

(2) Script. Rer. Sileſ. tom. 2 , in Maniſſa Diplomat , pag. 81.

Diplomes Polonois en manuſcrit. (Voyez-en la copie, n°. III.)

Cette convention a été citée pluſieurs fois par les Polonois, & même en 1673, comme on le verra plus bas.

Caſimir étant mort en 1370, ſans laiſſer d'hoirs mâles, le royaume de Ruſſie retourna à la Couronne de Hongrie, ſuivant la clauſe de l'acte ci-deſſus, & y fut réincorporé par Louis, lorſqu'il fut monté ſur le trône de Pologne.

On ſait au reſte qu'après la mort de Louis I, arrivée en 1382, Hedwige, la ſeconde de ſes filles, épouſe de Ladiſlas Jagellon, & héritiere de la Couronne de Pologne, mit à profit les troubles qui agitèrent la Hongrie dans ces tems, pour s'approprier par la force des armes la Ruſſie & la Volhynie. Tous les hiſtoriens Polonois conviennent de ce fait.

L'expoſé qu'on vient de faire des droits de la Couronne de Hongrie ſur ces provinces, prouve déja combien cette uſurpation fut injuſte, les éclairciſſemens ſuivans en fourniront de nouvelles preuves.

Il eſt bien vrai que Hedwige étoit, ainſi que Marie ſon aînée, l'héritiere légitime & naturelle de Louis. Les engagemens pris par les États de Hongrie envers Charles I, lors de ſon couronnement, établiſſent clairement ce droit ; en voici les propres termes :

« En considération du bien être , & pour
» l'avantage du Royaume , nous donnons la
» Couronne de Hongrie à Charles & à sa pos-
» térité , suivant l'ordre de succession établi,
» & les voulons reconnoître à perpétuité pour
» nos maîtres & souverains naturels (1) ».

On ne sauroit douter un moment que l'ex-
pression, *& à sa postérité* , ne doive s'entendre
également des deux sexes , conformément aux
anciens droits & usages de la Couronne de
Hongrie ; & c'est pour cette raison que Marie
succéda à son pere sur le trône de Hongrie
en sa qualité d'aînée , & qu'immédiatement
après la mort de Louis I , les Dalmatiens prê-
terent serment de fidélité , non-seulement à la
Reine Élisabeth, veuve de Louis, mais aussi à
ses deux filles Marie & Hedwige. Voyez-en
l'acte dans l'*Historia Dalmatica* de Lucius (2).

Hedwige cependant , malgré l'établissement

______

(1) Nos igitur ejusdem regni bonum statum & com-
modum ex animo intendentes diligenti collatione præ-
habita dominum nostrum Karolum *ac posteritatem*
ejus, prout Regalis successio exigit, in Regem Hungariæ ac naturalem dominum perpetuum suscipimus.
(2) Historia Dalmatica , p. 251.

de la succession féminine, n'avoit aucun droit
d'arracher la Russie & la Volhynie à la Couronne de Hongrie, comme elle le fit en 1390,
du vivant encore de Marie, son aînée, que la
volonté de son pere & le droit de primogéni-
ture, de tout tems en vigueur en Hongrie, ap-
pelloit de préférence à cette Couronne.

Elle n'y avoit pas plus de droit en 1392,
qu'après la mort de sa sœur Marie, puisque
Sigismond, époux de Marie, avoit été nommé
par Louis I héritier de la Couronne de Hongrie. Qu'il avoit été reconnu en cette qualité
par tous les états du royaume, & par Hedwige
elle-même, dans la convention de 1394, où
Sigismond céda à Ladislas Jagellon, époux de
Hedwige, les droits qu'il avoit à la Couronne
de Pologne dont il avoit été déclaré également l'héritier, du consentement de son beau-
pere ainsi que des seigneurs Polonois.

Nonobstant ces dispositions & ces propres
engagemens, la Reine Hedwige ne cessa point
de se regarder comme l'unique héritière des
couronnes de son pere ; & c'est sur cette injuste prétention qu'elle appuya l'usurpation de
la Russie & de la Volhynie, & plusieurs autres. On trouve les traces de cette prétention,
dans l'acte de foi & hommage que Vlad, Vai-

rode de Beſſarabie , prête à la Reine Hedwige & à ſon époux (1), où il dit :

« Comme il nous eſt revenu , qu'en vertu
» des diſpoſitions faites par Louis I & par les
» états , le royaume de Hongrie eſt dévolu à
» Hedwige, Reine de Pologne , unique héri-
» tiere de ſon pere, & par elle à Ladiſlas, Roi
» de Pologne , ſon époux, nous nous empreſ-
» ſons à faire la ſoumiſſion de notre perſonne
» & de nos états à ladite Reine Hedwige , au
» Roi Ladiſlas, & aux royaumes de Pologne
» & de Hongrie (2) ».

Le détail précédent fait aſſez connoître l'er- reur qui détermina la conduite du Vaivode de

---

(1) Cod. Diplom. Poloniæ , tom. I , part. 2 , pag. 623.

(2) Et quia pridem regnum Hungariæ ad memo- ratam Hedvigen reginam Poloniæ & hæredem dicti regni Hungariæ unicam & ſuperſtitem & conſequen- ter ad præfatum dominum Vladiſlaum Regem Po- loniæ conthoralem ipſius jure hæreditario eſſe com- perimus devolutum, prout hoc ipſum in litteris dicti Ludovici regis & regnicolarum Hungariæ & Polo- niæ regnorum prædictorum ſuper eo confectis in- telleximus fuiſſe & eſſe conditionatum, ſicque etiam nos & dominia noſtra dictis dominis Uladiſlao Regi Poloniæ & Hedwigi reginæ & regnis eorum Polo- niæ & Hungariæ in ſubditos obligamus.

Beffarabie, & combien on lui en avoit im-
pofé.

Néanmoins, il eft conftant que Marie, en
fa qualité de Reine de Hongrie, a maintenu
& exercé les droits de fouveraineté dans la
Ruffie-Rouge. Un exemple de 1385 le prouve
clairement. Il s'agit de plufieurs terres dont
elle fait préfent à Jean de Pallugya & à fes
freres, fituées dans le territoire de Premisflaw,
qui fait partie, dit-elle, dans l'acte de cette
donation (Voyez N°. IV.) de fon royaume de
Ruffie ; & elle ordonne à Emeric Bubek, fon
lieutenant dans toute l'étendue du royaume de
Ruffie, d'en inveftir lefdits freres Pallugya ; ce
qui fut exécuté la même année. (Voy. N°. V.)

Elle continua auffi à fe fervir des titres de
Galicie & de Lodomérie, comme le prouve un
décret diétal qu'elle fit publier en 1384, &
qui fe trouve dans le *Corpus juris Hungarici* (1).

Ce font ces anciens droits de la Couronne
de Hongrie fur ces provinces ufurpées, que Sigifmond fit valoir ; ce qui donna lieu enfuite
au traité de paix & d'alliance qu'il conclut le
15 mars 1412, avec Ladiflas Jagellon. (Voyez
ce traité, N°. VI.)

____

(1) Corpus juris Hungarici, tom. I, pag. 171.

Il eſt néceſſaire de développer avec ſoin la négociation de ce traité ; ce détail ſervira à éclaircir pluſieurs faits antérieurs qui y ont rapport, & en même tems donnera les moyens faciles de répondre aux objections des Polonois.

Il exiſte d'abord dans les archives de Hongrie, l'original des pleins pouvoirs, datés du dimanche avant la fête de Saint-Martin 1411, (Voyez-en la copie, Nº. VII.) par leſquels Ladiſlas, Roi de Pologne, nomme des commiſſaires, pour traiter avec des commiſſaires Hongrois ſur tous les différends ſubſiſtans entre les deux Couronnes. Le lieu des conférences, Schramovitz pour les Polonois, & Altendorf pour les plénipotentiaires Hongrois, ainſi que le tems de l'ouverture pour la fête de Saint-Martin y ſont indiqués, d'après ce qui avoit été réglé antérieurement par une convention faite à Iglaw ou Neudorf, & datée du mardi avant le dimanche des Rameaux de l'année 1411.

Suit un traité préliminaire daté de Schramovitz, jour de Ste. Eliſabeth 1411, conclu par les ſuſdits douze commiſſaires Polonois, & autant de la part de la Hongrie. (Voy. Nº. VII.) Ce traité porte, que du jour de la ſignature juſqu'à la prochaine fête de l'Aſſomption, il y aura trève entre les deux Rois & Alexandre ; Duc de Lithuanie ; que pour parvenir à rétablir une paix folide entre les deux Rois, ceux-ci conviendront d'une entrevue perfonnelle, & qu'à cet effet, ils fe rendront à un jour marqué, l'un à Lublau ou à Kefmarck, & l'autre à Sandez ; mais que s'il n'en réfultoit pas une union durable, on reprendroit alors à la fête des Apôtres Philippe & Jacques, les conférences de Schramovitz & d'Altendorf, afin de terminer les différends par les voies de conciliation & de juftice.

Quant à cette convention antérieure d'Iglaw ou de Neudorf, qui fervit de bafe au traité dont on vient de parler, ainfi qu'au traité définitif du 15 mars 1412, dont il fera fait mention tout-à-l'heure, il ne s'en trouve aucune notice dans les archives de Hongrie. Mais l'acte par lequel Sigifmond ratifia cette convention, que le P. Dogiel a publié (1), & qui doit fe trouver entre les mains des Polonois, ne laiffe rien à defirer à cet égard. Cet acte, daté d'Iglaw ou Neudorf, le mardi avant le dimanche des Raméaux 1411, date qui fe rapporte à celle alléguée dans les pleins pouvoirs

____

(1) Cod. Dipl. Pol. tom. I, part. 1 tit. Hungaria, pag. 42.

cités ;

ci-deſſus , & ne contient proprement que des arrangemens préliminaires pour la future négociation. Tels que le nombre des commiſſaires qui doivent être douze pour chaque lieu & de chaque côté , & le tems de l'ouverture des conférences , la formule du ſerment à prêter , & enfin la clauſe que tout ce qui aura été réglé ſur les différends des deux Couronnes par ces commiſſaires , ſoit à l'amiable , ſoit par voie de juſtice , ſoit par un arbitre à choiſir par les deux parties , ſera confirmé & aura ſon plein effet. Il eſt ſeulement à remarquer , que ni cette convention, ni celle du jour de la fête de Ste. Eliſabeth de la même année , ne touchent à l'objet même des conteſtations.

Outre les deux piéces citées ci-deſſus , les archives de Hongrie fourniſſent encore l'original de la ratification de la convention de Schramovitz , par Ladiſlas Jagellon. Cette ratification, dans laquelle la convention eſt inférée tout au long , ſe trouve , quoiqu'avec pluſieurs inexactitudes , dans la collection du P. Dogiel (1).

Vient enfin le traité définitif , conclu le 15 mars 1412 , entre Sigiſmond , Roi de Hongrie, d'une part ; & Ladiſlas , Roi de Pologne,

____

(1) Loco citato , pag. 43.

ainsi que Witold ou Alexandre, Duc de Lithuanie, de l'autre. On y convient de suspendre les différends au sujet de la *Russie, Podolie & Moldavie*, durant la vie des deux Rois; qu'en attendant, le Roi de Pologne conserveroit la possession tranquille de la Russie & de la Podolie; que cette suspension dureroit encore cinq ans après la mort de l'un des deux Rois; mais que pendant ce terme de cinq années, on procéderoit à un accommodement définitif des prétentions réciproques, en conformité des précédentes conventions, comme on peut voir plus au long ci-dessous, dans le texte original du traité (1).

---

(1) Verum quia super terris Russiæ Podoliæ Moldaviæ inter ipsum dominum Sigismundum, &c. & nos & occasione earumdem inter cætera dissensionis materia vertebatur, in facto itaque terræ Russiæ inter præfatum dominum Sigismundum, &c. & nos concordatum extitit hoc modo, ut vita sibi in simul & nobis comite usque ad diem obitus unius ex nobis quem prius nato divino exemi contingat ab humanis inter ipsum dominum Sigismundum regem, &c. Nos & dominum Alexandrum prædictum pacis & trengarum fœdera habeantur & inconcusse observentur modo infrà scripto, quibus treugis durantibus terram Russiæ prout tenemus pacifice tenebimus sine impedimento prædicti domini Sigismundi regis, &c.

L'accommodement dont on convient pour la Moldavie, n'appartient pas immédiatement à l'objet de cet exposé, & l'on se bornera à remarquer que Vitold, Grand-Duc de Lithuanie, n'ayant pas été présent à la négociation de ce traité, le ratifia quelques semaines après,

---

& regnorum ac subditorum ipsius aliquali in terrâ verò Podoliæ, idem dominus Sigismundus rex tam per se quam per suos subditos promissit nos non impedire neque alicui ad illam empediendam consilium favorem vel auxilium præstare Treugis durantibus infrà scriptis. Item in casu quo nos eundem regem Wladiflaum, &c. memorato domino Sigismundo rege fratre nostro vocatione divinâ præmori contingat, ex tunc post obitum nostrum prædicte, Treuge &c. infrà quinque annos immediate sequentes debent perdurare, & è converso si præfatum dominum regem Sigismundum, &c. Prius nobis decedere acciderit, fœdera hujusmodi Treugarum similiter infrà quinquennium inter Hungariæ & Poloniæ regna post ejus decessum debent firmiter observari & infrà prædictos quinque annos Treugarum videatur de justitiâ & jure partium secundum seriem & continentias litterarum alias per prælatos & barones utriusque regni Hungariæ videlicet & Poloniæ primum in Iglaviâ alio nomine Novavillâ & alterâ vice in antiquâ villâ confectarum, quarum contenta habentes hic pro sufficienter insertis quo ad hoc in suo robore volumus permanere.

(le 22 avril 1412.) par un acte, dont une copie faite en 1454, se trouve dans les archives.

D'ailleurs, toute la négociation de ce traité,
ainsi que des deux conventions précédentes, fut
conduite sous les yeux d'entre les principaux
du Clergé, de la Noblesse & des Grands-Offi-
ciers du royaume de Pologne ; & le traité
même de 1412 fut signé & scellé, outre le
Roi, par cinquante d'entr'eux, comme témoins. Il est donc vrai de dire, que l'on y mit
du côté de la Pologne toute la solemnité re-
quise, & que l'on n'y procéda qu'avec beaucoup de circonspection & une connoissance de
cause parfaite ; & l'on ne peut qu'être surpris
de l'assurance de plusieurs écrivains Polonois,
qui ont taxé le Roi Ladislas d'imprudence &
d'inexpérience, pour avoir reconnu par ce
traité les prétentions de Sigismond sur la Russie
& la Podolie. Mais il paroît sur-tout inconce-
vable que le P. Dogiel, mieux instruit par les
pièces authentiques qu'il rapporte lui-même,
ait tâché, dans une note sur ce traité, de faire
passer Ladislas pour un homme simple, cré-
dule, qui ignoroit les droits de sa couronne,
& qui s'étoit laissé duper par Sigismond, qu'il
représente comme un prince artificieux &
rusé.

Pour rendre vraisemblable cette prétendue inexpérience de Ladislas , le même auteur allègue , contre la notoriété historique , que ce prince n'étoit monté sur le trône que depuis peu de tems (1) , tandis qu'il l'occupoit alors (en 1412.) depuis 26 ans. (depuis 1386.)

Au surplus , le P. Dogiel paroît n'avoir pas senti que le blâme dont il charge le Roi à cette occasion , retombe sur les seigneurs Polonois, qui , au nombre de cinquante , signerent le traité ; & qu'on ne peut supposer d'avoir négligé par ignorance ou crédulité , les droits de leur patrie.

Mais on peut prouver, d'ailleurs, que les Polonois pensèrent alors bien différemment sur le compte de ce traité ; & certes ils ne dûrent pas le juger plus favorable aux justes prétentions des Hongrois, qu'utile & avantageux pour eux-mêmes , lorsqu'ils exigèrent de Sigismond, qui , dès le 16 mars 1412 l'avoit confirmé par serment , d'en renouveller la ratification par un second acte muni du sceau royal, & daté de Constance le 20 avril 1415. Ces deux actes se trouvent dans la collection du P. Dogiel (2).

---

(1) Non ita pridem electus.
(2) Pag. 49, & sequentibus.

Onze ans après , (en 1423.) trois jours après le dimanche des Rameaux, ce traité fut de nouveau confirmé à Kefmark de la manière la plus folemnelle , en préfence d'un grand nombre de Magnats Polonois. Plufieurs conteftations & difficultés furvenues dans cet intervalle de tems, & qui auroient pû troubler la paix établie, donnerent lieu à ce renouvellement. (Voyez le N°. IX. la copie des actes de ratification de Ladiflas & du Grand-Duc, qui fubfiftent en original dans les archives.) Il eft bien bon de remarquer à cette occafion , que dans chacun des actes de ratification allégués ci-deffus , Sigifmond prend les titres de Gallicz & de Lodomérie. (Voyez la collection du P. Dogiel, (1).

L'événement de la mort de l'un des deux Rois , qui devoit fixer la première époque de la fufpenfion arrêtée par le traité de 1412 , s'accomplit en 1434 dans la perfonne de Ladiflas Jagellon ; elle devoit donc avoir lieu encore pendant cinq ans , favoir jufqu'en 1439.

Sigifmond mourut en 1437, & Albert, fon gendre & fon fucceffeur , ne vécut que juf-

---

(1) Pag. 46 , 49.

qu'au terme de l'année 1439. De nouveaux différends, que la fucceffion à la couronne de Bohême fit naître entre Albert & Ladiflas III, fils de Jagellon, ne permirent pas, dans cet intervalle, de penfer à terminer les anciens.

Mais lorfqu'en 1440 ce même Ladiflas III, contre les droits de la Reine Elifabeth, veuve d'Albert, & de l'enfant qu'elle portoit dans fon fein, fut élu Roi de Hongrie par quelques mal intentionnés d'entre les états du royaume, ce prince fit remettre aux ambaffadeurs députés pour lui offrir la couronne, un acte authentique, daté du 8 mars 1440, où il promet, entr'autres aux états, de leur faire reftituer fans rembourfement les diftricts de Zips, engagés à la Pologne, & fur-tout de donner tous fes foins au recouvrement des provinces & dépendances enlevées ci-devant à la couronne de Hongrie; à quoi il ajoute bien expreffément, que la Pologne garderoit encore la poffeffion des provinces de Ruffie & de Podolie, mais fans préjudice des droits de la Hongrie, & feulement jufqu'au terme où la propriété de ces provinces pourroit être enfin fixée par les états des deux royaumes, qu'il permet d'affembler à cet effet, fe rapportant au refte à ce que portent à cet égard les traités antérieurs qu'en fa qualité de Roi de Pologne, il confirme &

renouvelle par le préfent acte. (Voy. Nº. X.)

L'original de cet acte ne parvint pas en Hongrie , car Elifabeth qui venoit de mettre au monde Ladiflas, pofthume, (le 22 février 1440,) fit arrêter en chemin les députés Hongrois , & leur fit enlever tous les papiers qui tombèrent après la mort de cette Reine (en 1443.) entre les mains de l'Empereur Frédéric , tuteur de Ladiflas.

Quand enfin ce jeune prince fut parvenu au gouvernement en 1453 , les Hongrois firent de nouvelles tentatives au fujet de leurs prétentions , comme il paroît par différentes copies , faites en 1454 , d'actes qui y font relatifs , & fe rapportent au tems du Roi Sigifmond. Mais il y a lieu de croire que ces tentatives furent infructueufes , puifque , au témoignage de l'hiftorien Polonois Dlugofs (1), ces mêmes prétentions fur la Ruffie , Podolie & Moldavie , furent remifes fur le tapis en 1473 fous le régne de Matthias Corvin. Cet hiftorien rapporte, que le Roi de Pologne Cafimir IV. ayant propofé de reprendre les conférences à Schramovitz & Iglaw , (à la fête de la Nativité de la Ste. Vierge 1473.) avoit même dé-

____

(1) Hiftor. Polon. lib. 13.

puté plusieurs de ses conseillers , dont l'historien produit les noms , à Neusandez , pour y
attendre l'arrivée des commissaires Hongrois ;
mais que Matthias s'excusa , dans des lettres
adressées au Roi de Pologne & à ses commissaires , sur ce que la guerre avec les Turcs , où
il se trouvoit engagé , ne lui permettoit pas
d'entrer , pour le moment , dans les vues du
Roi , proposant en même tems de différer les
conférences jusqu'à la fête prochaine de Saint
Martin , ce qui ne fut point accepté par Casimir. L'intérêt manifeste que ce prince avoit à
prolonger une possession tranquille dont il
jouissoit , fait assez connoître les motifs de ce
refus.

Dans une convention ultérieure entre Matthias & Casimir , en 1479 (1) , de nouvelles
conférences furent indiquées pour la fête prochaine de St. Martin , où les prétentions réciproques seroient discutées à fond par des
commissaires à nommer de part & d'autre ,
lesquels , assistés de gens de lettres , prononce-
roient enfin sur les droits des deux couronnes,
& termineroient tous les différends , de maniere à ne rien laisser d'indécis qui pût faire

----

(1) Voyez la Collection du P. Dogiel , p. 77.

naître de nouvelles conteſtations par la ſuite. Mais il ne conſte pas ſi ces conférences ont effectivement eu lieu, encore moins ſi elles ont déterminé quelque choſe.

L'argument, ſans doute le plus fort, que les Polonois puiſſent oppoſer aux droits & prétentions de la couronne de Hongrie, ſe fonde ſur le fameux traité de Pitſch de 1589. (Voyez-en la copie ci-jointe, N°. XI.)

C'eſt à ce traité qu'ils ont eu recours dès long-tems, pour transformer en propriété abſolue (1) la poſſeſſion hypothécaire des treize villes du diſtrict de Zips ; & c'eſt encore dans ce traité qu'ils s'efforcent de trouver une prétendue renonciation de la part de la Couronne de Hongrie aux droits ſur la Ruſſie, &c.

Voici la traduction fidele du paſſage d'où l'on veut tirer cette renonciation.

« Afin de rétablir l'amitié qui régnoit ci-
» devant entre les deux parties contractantes,
» moyennant une réconciliation ſincere & par-
» faite..... Nous, les ſuſdits Plénipotentiai-
» res de Sa Majeſté l'Empereur & de la ſéré-
» niſſime Maiſon d'Autriche, promettons au
» nom de S. M. Impériale & de tous les ſé-

____

(1) Plenum dominium & jus perennale.

„ réniffimes Archiducs , & particulièrement
„ du féréniffime Archiduc Maximilien, qu'ils
„ ne conferveront aucun reffentiment des con-
„ teftations paffées ; que dans aucun tems ils
„ ne les renouvelleront ; qu'ils vivront défor-
„ mais dans une paix fincere & conftante avec
„ le Roi & les états de Pologne ; qu'ils n'en-
„ treprendont jamais ni engageront d'autres
„ à entreprendre aucune vexation ni hoftili-
„ té , fous tel prétexte que ce puiffe être,
„ foit par la voie des armes ou autrement ,
„ contre le royaume de Pologne, le grand-du-
„ ché de Lithuanie , la Ruffie , Pruffe , Maf-
„ fovie , Samogitie , Livonie , ainfi que les
„ autres états, villes, bourgs, châteaux ou fu-
„ jets dudit Roi de Pologne, &c. „ (1).

---

(1) Quibus quidem rebus cum priftina amicitia atque benevolentia integre conciliata , reftituta ac re-dintegrata effe debeat, promittimus... fpondemufque ; nos quidem fupra fcripti Cæfareæ Majeftatis & uni-verfæ Sereniffimæ Domûs Auftriacæ commiffarii cum commemoratæ Cæfareæ Majeftatis cæterorumque Se-reniffimorum Auftriacorum Principum omnium tum maximè Sereniffimi Maximiliani Archiducis nomine nullam fuperiorum diffenfionum offenfionem Majef-tatem Serenitatefque retenturas eamdem nullo un-quam tempore renovaturas, conftantem autem poft-hac & finceram cum Regiâ Majeftate Poloniæ ordi-

Mais qu'on examine ce paſſage ſuivant les règles d'une ſaine interprétation; qu'on l'analyſe
avec impartialité , ainſi que tout le traité , &
l'on ſe convaincra que ni la Maiſon d'Autriche, ni moins encore la Couronne de Hongrie,
ne voulurent renoncer par-là aux anciens droits
particuliers de ce royaume ſur la Ruſſie & la
Podolie; qu'il ne tomba pas même dans l'eſ-
prit des Polonois d'exiger une ſemblable renonciation , & que leurs efforts pour annuller ,
par une renonciation qui n'a jamais exiſté , des
droits reconnus légitimes par le traité de 1412 ,
ſont plutôt une reconnoiſſance tacite de ces
mêmes droits & de la validité de ce traité.

Les réflexions ſuivantes & le développement
des circonſtances , mettront cette vérité dans
tout ſon jour.

Dans l'élection à la Couronne de Pologne ,

---

nibuſque regiam amicitiam & benevolentiam con-
ſervaturas , neque *vi aut armis vel per ſe vel per ſub-*
miſſas perſonas quocunque tempore vel quacunque ex
cauſâ , colore ſeu prætextu Regnum Poloniæ Magnum
Ducatum Lithuaniæ , Ruſſiam , Pruſſiam , Maſoviam ,
Samogitiam , Livoniam , *cæteraſque , ditiones vel*
arces oppida , villas homineſve Sereniſſimi Poloniæ
Regis.... Infeſtaturas , vim aut injuriam ullam illaturas.

qui fuivit en 1587 la mort d'Étienne Bathory, les voix furent partagées. Sigifmond, Prince de Suéde, fut proclamé Roi par un parti le 9 août ; l'Archiduc Maximilien le fut par un autre trois jours après. Les deux prétendans à la Couronne foutinrent leurs droits par les armes. Maximilien ne fut pas heureux, il fut pris en 1588 à une bataille qu'il perdit près de Pitfch en Siléfie. Pour recouvrer fa liberté, il fut réduit à renoncer aux droits que fon élection lui donnoit à la Couronne de Pologne, par un traité qui fut conclu fous la médiation du Pape & de fon Légat, le Cardinal d'Aldobrandin, le 19 mars 1589, entre la Maifon d'Autriche & le victorieux Sigifmond.

C'eft donc la double élection de 1587, & la captivité de l'Archiduc, qui donnerent lieu à ce traité ; & c'eft la renonciation de Maximilien au trône de Pologne, qui en fut le but & le feul objet. On peut en juger par les paroles mêmes de ce traité que je rapporte ici.

» Comme les derniers troubles ont eu leur
» fource dans l'élection de l'Archiduc Maxi-
» milien d'Autriche, faite par quelques - uns
» à la premiere Diete de Varfovie, contre les
» loix & les conftitutions de la Pologne ; nous
» fommes convenus, & avons arrêté, pour
» anéantir le principe de ces troubles, ainfi

» que de ceux qui pourroient naître dans la
» fuite, que le Séréniffime Archiduc Maximi-
» lien, en confidération de ces motifs, & pour
» le bien & la tranquillité de toute la Chrétienté,
» renoncera pour toujours au titre & aux droits
» auxquels il s'eft cru autorifé par cette élec-
» tion ; qu'il promettra, ainfi que Sa Majefté
» l'Empereur, & les autres Séréniffimes Ar-
» chiducs, de ne jamais fonger à les faire
» revivre fous tel prétexte que ce puiffe être,
» par eux-mêmes ou par d'autres, foit du vi-
» vant du Séréniffime Roi de Pologne, Sigif-
» mond III, aujourd'hui régnant, foit que le
» trône vint à vaquer par la mort de ce Prince
» (que Dieu veuille conferver) & de n'accor-
» der aucune affiftance, confeil, paffage, ou
» tel autre fecours que ce foit, à ceux qui vou-
» droient l'entreprendre (2) ».

---

(1) Cum autem omnis hæc fuperioris temporis diffenfio ex nominatione juribus inftitutifque Regni Poloniæ minus confentanea Sereniffimi Principis & Domini Domini Maximiliani Dei gratiâ Archiducis Auftriæ, Ducis Burgundiæ &c. in primis confiliis comitiifque Electionis Varfaviæ habitis à quibufdam propofita emanarit, cum iis quæ fuprà commemoratæ funt tam aliis caufis ad reipublicæ Chriftianæ univerfæ falutem & tranquillitatem pertinentibus convenit conclufumque inter nos eft, ut quo & præterita diffen-

L'extrait que Dumont a donné de ce traité (1) fait voir aussi que la renonciation de Maximilien à la Couronne de Pologne en fut le seul objet. ,, Quoique ce ne soit ici qu'un ,, extrait, ajoute-t-il, il vaut presqu'autant ,, qu'un original. L'auteur de qui on le tire ,, ayant été un des Ministres qui le firent & ,, le signerent de la part de l'Empereur & de ,, l'Archiduc ,,.

---

sio & futuræ causa materiaque omnis tollatur commemorato titulo & jure quod quocumque modo pervenisse ad se inde arbitratus fuit, idem Serenissimus Archidux Maximilianus cum alias memoratas ob causas, tum ob communis Reipublicæ Christianæ, ut ostensum est quietem & tranquillitatem incolumitatemque, abstineat, & nunquam iterum utatur. Præter eum vero Cæsaræa Majestas etiam cæterique Serenissimi Archiduces nullam unquam controversiam vel hac vel aliâ quacumque causâ colore seu prætextu, vel Serenissimo Principi ac Domino Domino Sigismundo III, præsenti regi Poloniæ, vel etiam si, quod Deus avertat, morte ejus regnum vacare contingeret, eidem regno eundem Serenissimam Archiducem Maximilianum vel quemcunque alium, quocunque tempore per se vel per alios relaturum aut suscitaturum, neque id facienti consilium præbituros præstiturosque promittant ac spondeant.

(1) Corps Diplomatique, tom. V, partie I, pag. 458.

Le P. Dogiel n'a pas autrement envifagé ce traité, comme on peut le voir par l'extrait fommaire qu'il en donne dans fon *Corps Diplomatique*, & qui fuit :

« Traité de paix entre l'Empereur Rodol-
» phe II, l'Archiduc Maximilien & toute la
» Maifon d'Autriche, d'une part ; & Sigif-
» mond III, Roi de Pologne, & les États de
» ce Royaume, de l'autre ; par lequel *Maxi-*
» *milien, qu'un parti trop foible avoit vaine-*
» *ment nommé à la Couronne, y renonce ainfi*
» *qu'au titre de Roi de Pologne* (1) ».

La promeffe de l'Empereur & des Princes de la Maifon d'Autriche : « qu'ils ne confer-
» veront aucun reffentiment des conteftations
» paffées (2), & que de ce chef ils n'entre-

---

(1) Tractatus pacis inter Rudolfum II, Imperatorem Hungariæ Bohemiæque Regem & Maximilianum Archiducem univerfamque Domum Auftriæ ab unâ, & Sigifmundum III, Regem atque ordines Poloniæ, & Magni Ducatus Lithuaniæ parte ab alterâ per commiffarios utrinque cum plenâ poteftate delegatos conclufus, *quo Maximilianus inani paucorum ftudio in Regem Poloniæ electus prætenfo jure in hoc regnum cedit,* ac titulo Regis Poloniæ fe abdicat.

(2) *Nullam fuperiorum diffenfionum offenfionum, Majeftatem ferenitatefque fuas retenturas.*

» prendront

» prendront jamais rien contre la Pologne ; le
» grand Duché de Lithuanie , la Ruffie , la
» Pruffe , &c. (1) » n'eft en effet qu'une expli-
cation & une fuite de la promeffe générale :
» qu'ils ne feront jamais revivre les préten-
» tions de Maximilien à la Couronne , foit du
» vivant de Sigifmond , foit que le trône vînt
» à vaquer par la mort du Prince (2) ». D'où
il réfulte inconteftablement que dans ce traité
il n'eft queftion que de « *la renonciation aux*
» *titres & aux droits que Maximilien avoit ac-*
» *quis , comme il le croyoit par fon élection* (3) ».

Et comme ces droits devoient s'étendre fur
tout le Royaume de Pologne & le Grand Duché de Lithuanie , il étoit naturel de faire promettre à l'Archiduc & à tous les Princes de la
Maifon d'Autriche , qu'ils n'attaqueroient ni

---

(1) Ex capite harum fuperiorum diffenfionum neque vi aut armis Regnum Poloniæ , Magnum Ducatum Lithuaniæ , Ruffiam , Pruffiam cæterafque ditiones Sereniffimi Poloniæ Regis infeftaturas.

(2) Se nullam unquam controverfiam , Sigifmundo vel etiam fi morte ejus Regnum vacare contingeret , eidem regno fufcitaturos.

(3) De renuntiatione illius tituli & juris quod
quocunque modo perveniffe ad fe inde arbitratus
fuit Maximilianus Archidux.

la Pologne , ni la Lithuanie , ni aucune des provinces dont la Pologne ſe trouvoit alors en poſſeſſion , & dont l'énumération eſt faite dans le traité.

Si , de la part des Polonois , on eût voulu exiger une renonciation aux droits particulierement affectés à la Couronne de Hongrie , il eût été indiſpenſable d'exprimer nommément dans le traité , & la renonciation , & les provinces auxquelles cette Couronne renonçoit ; & dans ce cas il devenoit ſuperflu de nommer « la Pologne, la Lithuanie, la Pruſſe, la Sa- » mogitie, la Livonie & les autres États, » Villes, Châteaux, Bourgs & Sujets de la » Couronne de Pologne, » que celle de Hongrie n'avoit jamais déſignés dans ſes prétentions , ni n'avoit pu déſigner (1).

D'ailleurs c'eſt proprement l'Archiduc Maximilien & le Roi Sigiſmond qui furent les parties contractantes principales dans ce traité : l'Empereur Rodolphe II & les autres Archiducs n'y intervinrent que comme garants ; ſi donc il s'étoit agi *d'une renonciation aux droits*

---

(1) De Poloniâ , Lithuaniâ , Pruſſiâ , Samogitiâ , Livoniâ cæteriſque ditionibus vel arcibus oppidis , villis hominibuſque Sereniſſimi Poloniæ Regis.

particuliers de la Couronne de Hongrie , les Polonois ne fe fuffent pas adreffés à Maximilien
comme partie contractante principale ; parce que
ce n'eft pas lui, mais l'Empereur Rodolphe qui
étoit Roi de Hongrie , & parce que le Royaume de Hongrie n'avoit pris aucune part , ni à
la double élection , ni aux troubles qui en furent les fuites ; comme il paroît par un endroit du traité même, où il eft dit : « Que le
» Château de Lublo fut occupé fans que l'Em-
» pereur l'eût ordonné , & contre fon inten-
» tion ».

Que l'on compare au refte la promeffe du
Roi Sigifmond avec la promeffe de l'Archiduc
& de la Maifon d'Autriche , & l'on verra clairement que les deux parties contractantes ne
penferent feulement pas à une renonciation
des droits de la Couronne de Hongrie , & que
l'élection de Maximilien eft le feul objet des
promeffes réciproques que l'on va rapporter ici.

PROMESSE

DE LA MAISON D'AUTRICHE.

« N o u s , les fufdits Plénipotentiaires de
» Sa Majefté l'Empereur, & de la Séréniffime
» Maifon d'Autriche, promettons au nom de
» Sa Majefté Impériale, & des autres Sérénif-
» fimes Princes de ladite Maifon, principale-
» ment du Séréniffime Archiduc Maximilien,
» qu'ils ne conferveront aucun reffentiment
» des conteftations paffées, & qu'ils vivront
» déformais dans une paix fincere & conftante
» avec Sa Majefté le Roi & les États de Polo-
» gne ; qu'ils n'entreprendront jamais, ni en-
» gageront d'autres à entreprendre aucune ve-
» xation ni hoftilité fous quelque prétexte que
» ce puiffe être, foit par la voie des armes ou
» autrement, contre le Royaume de Pologne,
» le Grand Duché de Lithuanie, la Ruffie,
» Pruffe, Mazovie, Samogitie, Livonie, ainfi
» que les autres États, Villes, Bourgs, Châ-
» teaux ou Sujets dudit Roi de Pologne, ou
» des voifins fes alliés ; qu'ils n'y foutiendront
» n'y fomenteront aucune révolte, ne donne-
» ront aucun afyle aux exilés ou fugitifs, &

„ n'accorderont enfin aucune affiftance, con-
„ feil, paffage, ou tel autre fecours que ce
„ foit à ceux qui pourront l'entreprendre (1) „.

---

(1) Promittimus fpondemufque nos quidem fuprà fcripti Cæfareæ Majeftatis & univerfæ Domûs
Auftriacæ commiffarii cum commemoratæ Cæfareæ
Majeftatis & univerfæ Domûs Auftriacæ commiffarii
cum Cæfareæ Majeftatis cæterorumque Sereniffimorum Auftriacorum Principum omnium , tum maxime Sereniffimi Maximiliani Archiducis nomine nullam fuperiorum diffenfionum offenfionem Majeftatem
ferenitatefque fuas retenturas , eandem nullo unquam
tempore renovaturas , conftantem autem poft hac &
finceram cum Regiâ Majeftate Poloniæ ordinibufque
amicitiam & benevolentiam confervaturas , neque vi
aut armis , vel perfe vel per fubmiffas perfonas quocunque tempore vel quacunque ex caufâ colore aut
prætextu Regnum Poloniæ , magnum Ducatum Lithuaniæ , Ruffiam , Pruffiam , Poloniam , Mafoviam ,
Samogitiam , Livoniam cæterafque ditiones vel arces,
oppida , villas , homines ve Sereniffimi Poloniæ regis , aut propinquorum , fociorum vel adherentium
ipfius infeftaturas , factiones aut partes ullas contra
eafdem foturas acturafve ab iifdem profcriptos aut
exules recepturas habiturafve , neque aliis id facientibus ullum confilium , auxilium , tranfitum aut quemcunque denique favorem accommodaturas.

PROMESSE

DE LA POLOGNE.

EN même tems Nous, les fufdits Plénipotentiaires du Séréniffime Roi de Pologne, promettons au nom de Sa Majefté, ainfi que des États du Royaume, qu'ils ne conferveront aucun reffentiment des conteftations paffées, & qu'ils vivront déformais dans une paix fincère & conftante avec Sa Majefté Impériale, tous les Princes de la Maifon d'Autriche, & nommément l'Archiduc Maximilien ; qu'ils n'entreprendront jamais ni engageront d'autres à entreprendre aucune vexation ni hoftilité, fous tel prétexte que ce puiffe être, foit par la voie des armes ou autrement, contre les Royaumes de Bohême & de Hongrie, l'Autriche, la Moravie, la Siléfie, & les autres États, Villes, Bourgs, Châteaux & Sujets de la domination des fufdits Séréniffimes Princes ou bien des voifins leurs alliés ; qu'ils n'y foutiendront ni ne fomenteront aucune révolte, ne donneront aucun afyle aux exilés ou fugitifs, & n'accorderont enfin aucune affiftance, confeil, paſſage , où tel autre ſecours que ce ſoit à ceux qui pourront l'entreprendre (1).

La réciprocité exacte de ces deux promeſſes, fait voir clairement que la Maiſon d'Autriche ne pouvoit avoir eu l'intention de renoncer à

---

(1) Similiter vero nos Sereniſſimi Poloniæ Regis ſupra ſcripti commiſſarii ejuſdem Majeſtatis ſuæ ordinumque ejus nomine viciſſim recipimus promittimus , ſpondemuſque nullo unquam tempore eorum , quæ ante quocunque modo interceſſerunt , offenſionem Sereniſſimum Poloniæ Regem aut ordines retenturos , eandem per quamcunque occaſionem renovaturos ſed conſtantem poſt hac & ſinceram cum cæſareâ Majeſtate univeſâqne Sereniſſimâ Domo Auſtriacâ , in eaque Sereniſſimo etiam Archiduce Maximiliano , regniſque ditionibus & ordinibus eorundem amicitiam & benevolentiam conſervaturos , neque ipſam Majeſtatem ſuam ordineſque ſeu homines ejus quoſcunque vi aut armis perſe vel per ſubmiſſas perſonas quocunque tempore vel quacunque ex cauſâ colore ſeu prætextu Regna Hungariæ vel Bohemiæ, Auſtriam , Moraviam , Sileſiam vel quæcunque alia commemoratorum Sereniſſimorum principum Dominia , ditiones , arces , oppida , villas vel homines aut propinquorum ſociorum vel adherentium ipſorum infeſtaturos , vim aut injuriam ullam iiſdem allaturos , factiones ſeu partes ullas contra eoſdem foturos alturoſve , ab iiſdem proſcriptos aut exules recepturos habituroſve , neque aliis id facientibus ullum conſilium auxilium tranſitum aut quemcunque denique favorem accommodaturos.

quelques droits ou prétentions particulières fur
les provinces de la Pologne ; car il s'en fuivroit
que la promeffe réciproque des Polonois auroit eu pour objet une pareille renonciation à
des droits ou prétentions particulières fur les
États de la Maifon d'Autriche ; ce qui ne peut
être fuppofé, la Pologne, ainfi qu'il eft notoire,
n'ayant jamais eu le moindre droit fur aucune
des provinces Autrichiennes.

Il ne peut donc plus refter aucun doute fur
l'unique but de ce traité, qui étoit d'empêcher
que Maximilien, ni aucun autre Prince de fa
maifon, ne pût jamais faire valoir les droits
de fon élection, & de prévenir les hoftilités
que les conteftations paffées auroient pû faire
naître entre les deux parties.

Les événemens qui fuivirent la conclufion
de ce traité, fervent à confirmer la vérité de
ce qu'on vient d'avancer.

Le traité de Pitfch fut figné le 9 mars 1589;
le 26 mai de la même année, l'Empereur Rodolphe & le Roi Sigifmond, fignèrent une
tranfaction, qui confirme & renouvelle, dit
le P. Dogiel, les traités antérieurs entre la
Maifon d'Autriche & la Pologne (1).

---

(1) Quo priora pacta & fœdera inter Domum

Or, si par le traité du 9 mars on n'eût pas eu simplement pour objet d'appaiser les troubles que la double élection avoit fait naître, il eût été entierement superflu de renouveller deux mois après les anciens traités : ce qui fut répété encore bien souvent dans la suite, & chaque fois presque dans les mêmes termes.

Dans tous ces traités postérieurs, loin d'y inférer la moindre syllabe qui pût avoir rapport à une renonciation aux droits de la Couronne de Hongrie, on y confirma, au contraire, « les traités qui avoient été conclus jadis entre la Maison d'Autriche & de Jagellon (1), » parmi lesquels celui de 1412, fait entre Sigismond & Ladislas, auteur des Jagellons, est, sans doute, le plus important, & qui, par conséquent, se trouve avoir été confirmé par de nouvelles conventions, & à chaque renouvellement d'icelles.

Mais quand même on pourroit supposer qu'effectivement l'Empereur Rodolphe eût re-

---

Austriæ ac Reges & Regnum Poloniæ inita renovantur inter eos instaurantur etiamque confirmantur.

(1) Pactorum & fœderum litteras, quo inter nostras Austriæ & Jagelloniam Domum quæque inter utriusque Domûs Regna, Imperia, Provincias & Nationes intercesserunt.

noncé , dans le traité de 1589 , aux droits de la Hongrie fur les provinces de Ruffie & de Podolie , il n'en feroit pas moins vrai que cette renonciation eût été de nulle valeur. Car bien que Rodolfe eût promis par un acte particulier , « qu'il auroit foin , à la prochaine » Diete , de faire prêter par les députés des » Etats de Hongrie le ferment d'après la formule prefcrite par ledit traité , & d'en faire » parvenir à Sigifmond l'acte authentique , » figné & fcellé par eux (1) , » il ne put cependant jamais effectuer fa promeffe ni vaincre la répugnance que les Etats de Hongrie témoignèrent à cet égard. Auffi ne fubfifte-t-il pas le moindre veftige dans les actes de la fuivante Diete de 1593 , ni d'aucune Diete poftérieure , qui pût faire foupçonner feulement que les Etats ayent enfin cédé là-deffus.

Bien au contraire , le décret de la Diete de

---

(1) Se curaturum , ut Regni Hungariæ ordinum nomine deputati & fufficienti mandato in eam rem inftructi proceres , in proximis illius Regni comitiis... Juramentum juxtà formulam in jam commemorata tranfactione ordinibus præfcriptam præftent , utque juramenti litteræ & inftrumentum fubfcriptum , figillifque procerum munitum fuprà commemorato Poloniæ Regi mittatur.

1596 fait connoître, en termes exprès, le defir des Etats : « que l'on fongeât enfin une bonne fois à régler les anciens différends entre la Hongrie & la Pologne » (1), & cette demande fut renouvellée très - fouvent dans les Dièdes fuivantes.

Or le royaume de Hongrie étant cenfé élec- tif du tems de Rodolphe, cet Empereur - Roi n'eût jamais eu le pouvoir d'abandonner des droits aufli importans, fans le confentement exprès des Etats. D'ailleurs, le ferment que les Rois font à leur facre, ne leur permet pas de faire *aucune aliénation des droits de la Cou- ronne* (2). Quand donc il feroit vrai que Ro- dolphe y eût renoncé, ce Prince fe feroit trouvé dans le cas énoncé & décidé dans les décréta- les (3). « Si quelqu'un y eft, dit-il, revêtu de » quelque dignité, aliene des biens affectés à » cette dignité, l'aliénation eft nulle, & il eft

---

(1) Vi juxtà continentias publicarum conftitu- tionum differentiæ inter Hungariam & Poloniam ac tredecim oppida ratione metarum violentiarumque & damnorum re videantur & rectificientur. Quâdere fua Majeftas dignetur Sereniffimo Regi Poloniæ fcri- bere, quia Poloni indies magis magifque infolef- cunt.

(2) Ne quid à Regno abalienetur.

(3) Decret. titul. de jure jur. cap. 33.

» obligé de la révoquer , quand même il au-
» roit fait ferment de ne jamais la révoquer ;
» fur-tout s'il a juré préalablement de ne
» rien aliéner. Honorius I I I à l'Arche-
» vêque de Collocza & à fes fuffragans en
» 1220. Ayant appris il y a quelque tems que
» notre très-cher fils en Jefus-Chrift , le Roi
» de Hongrie , a fait quelques aliénations au
» détriment de fon royaume & de fa dignité,
» nous exhortons ledit Roi de ne pas héfiter à
» les révoquer , nonobftant tout ferment à ce
» contraire ; car étant tenu par fon devoir,
» ainfi qu'il l'a juré à fon facre , de conferver
» les droits & la dignité de fa Couronne dans
» toute fon intégrité , il ne pourroit lui être
» permis de s'engager par un fecond ferment
» à ne pas révoquer ces aliénations , & ce fer-
» ment ne fauroit l'obliger (1) ».

---

(1) Si pofitus in dignitate alienat bona dignitatis,
non valet alienatio & ipfemet revocare debet nonob-
ftante juramento de non revocando ; maxime fi prius
jurat non alienare. Honorius III , Colloczenfi Archiepifcopo & ejus fuffraganeis anno 1220. Intel-
lecto jam dudum quod Chariffimus in Chrifto filius
nofter Hungariæ Rex illuftris alienationes quafdam
fecerit in prejudicium Regni fui & contrâ Regis honorem , nos eidem Regi dirigimus fcripta noftra , ut

Que l'on juge , au reste , combien les Etats de Hongrie étoient éloignés de donner les mains à une pareille renonciation , par ce qui se trouve rapporté dans l'histoire de Hongrie d'Istuanfius , Vice-Palatin , qui avoit lui-même assisté , comme plénipotentiaire , à la négociation du traité de Pitsch ; il est question de la restitution du château de Lublo , & il dit :

« Que les plénipotentiaires Hongrois proteste-
» rent aussi-tôt que cette restitution ne devroit
» déroger en rien aux droits du royaume de
» Hongrie (1) ». Cette protestation fut certainement superflue , puisque le traité ne pouvoit d'ailleurs porter aucune atteinte aux droits de propriété de ce royaume , sur les treize villes du district engagé de Zips , auquel le château de Lublo appartenoit , ainsi qu'il a déjà

---

alienationes prædictas non obstante juramento , si quod fecit de non revocandis iisdem , studeat revocare , quia cum teneatur & in suâ Coronatione juraverit , jura regni sui & honorem Coronæ illibata servare , illicitum profecto fuit , si præstitit de non revocandis alienationibus hujusmodi juramentum & propterea penitus non servandum.

(1) Quod ne cui præjudicio juribus Regni Hungariæ foret , Legati Hungari apud Collegas cantum esse voluerunt.

été complettement prouvé dans une autre occafion.

On voit donc que non-feulement la Couronne de Hongrie n'a jamais renoncé aux anciens droits dont il s'agit ici, mais qu'elle a
cherché en tout tems à les conferver dans leur
entier. Une fuite non interrompue de troubles
au-dedans & de guerres au-dehors, a pendant
fort long-tems porté obftacle aux moyens de
les faire valoir avec effet. Mais on ne trouve
pas moins dans les traités conclus entre les
deux Couronnes depuis plus de deux fiécles &
demi, la ftipulation expreffe, & toujours rap-
pellée dans les mêmes termes: « Qu'on procé-
» deroit à un arrangement définitif fur les dif-
» férends tant anciens que nouveaux ». Ce
qu'on peut vérifier dans les traités faits fous
les régnes des Rois Ferdinand I, de 1549;
Rodolphe II, de 1589; Mathias, de 1613; Ferdinand II, de 1621 & 1633; & de Leopold,
de 1677.

On trouve auffi dans les archives une grande
quantité de fceaux, d'actes & de documens
des Rois de Hongrie; & dans la collection des
loix & conftitutions Hongroifes, une quantité
non moindre de décrets dès Rois, & nommément de Mathias Corvin, de 1464 & 1486;

Ladiſlas II, de 1489, 1492, 1495, 1498, 1500, 1503, 1504, 1506 & 1514; Louis II, de 1522; Ferdinand I, de 1560; & enfin de Sa Majeſté l'Impératrice Reine d'aujourd'hui, de 1741 & de 1751, où l'on peut voir, qu'à l'exemple de leurs prédéceſſeurs les Rois de Hongrie, ont conſtamment uſé des titres de Galicz & de Lodomérie, dont les armes font partie des ſceaux de la Couronne nouvellement gravés en 1769; & qu'ils ont cru devoir annoncer & conſerver de cette manière encore les anciennes prétentions de leur Couronne.

On ne ſauroit omettre ici une circonſtance du régne de Leopold, qui préſente de la part des Polonois même l'aveu de la juſtice des anciens droits de la Couronne de Hongrie ſur la Ruſſie & la Podolie. Dans la collection des lettres publiées par André Zaluski (1), on en lit une du Vice-Chancelier Oslzouski, du 4 août 1673, (Nᵒ. XII.) où il mande que le Miniſtre de l'Empereur à Varſovie, le Baron de Stom, avoit préſenté un mémoire au Roi, ſur la réluition des villes du diſtrict de Zips,

---

(1) Epiſt. hiſtor. familiar. tom. I, ſub anno 167ᵉ, pag. 469.

& il avoue qu'il eſt fort embarraſſé d'y faire une réponſe ; il fait connoître cependant qu'il regarde cette affaire comme terminée depuis long-tems , par une prétendue ceſſion abſolue de toutes ces villes. Mais, ce qui mérite d'être obſervé , il ajoute que ſi l'on ſe prêtoit à cette réluition pour Zips , l'Empereur pourroit bien auſſi prétendre à la Ruſſie & à la Podolie , moyennant le rembourſement de cent mille florins, ainſi qu'il avoit été ſtipulé par les trai-tés avec Louis I.

Le rapport (du 9 août même année,) que fit le Baron de Stom au ſujet de ce mémoire , exiſte encore en original , & s'accorde, quand à l'eſſentiel , parfaitement avec la lettre qu'on vient de citer. Il eſt dit que le Vice-Chance-lier de Pologne avoit répondu entr'autres cho-ſes à la demande de la réluition du diſtrict de Zips : *Qu'il étoit dangereux de toucher cette corde ; qu'en accordant à l'Empereur la rélui-tion des villes du diſtrict de Zips , il pourroit bien auſſi prétendre à celles de la province de Ruſſie avec ſes dépendances , qui avoit égale-ment appartenu à la Hongrie il y a quelques ſiécles , & qui avoit été engagée à la république pour la ſomme de cent mille florins.*

Cet aveu du Vice-Chancelier de Pologne
ſert.

fert de confirmation à ce qui a été rapporté ci-deffus, d'après l'extrait de Sommersberg, de la convention ftipulée en 1352 entre Louis I & Cafimir III. L'extrait de Sommersberg ne fait, à la vérité, mention que du royaume de Ruffie ; mais le Vice-Chancelier paroît y comprendre auffi la Podolie, & probablement c'eft de cette province qu'il eft queftion dans la lettre du Baron de Stom, fous le terme de Dépendances de la Ruffie. La fomme de cent mille florins répond exactement à celle qui eft énoncée dans le traité ; cette fomme cependant ne peut pas être regardée comme le prix de la réluition, ainfi que le Vice-Chancelier paroît l'envifager, puifque en fuivant la difpofition du traité, le payement ne devoit avoir lieu que pour le cas où Cafimir laifferoit un héritier mâle ; & Cafimir étant mort fans laiffer d'héritier mâle, le royaume de Ruffie devoit retomber, fans aucun rembourfement, à la Couronne de Hongrie.

Le raifonnement, d'ailleurs, du Vice-Chancelier, qu'il ne falloit point reconnoître les Droits de la Couronne de Hongrie fur le diftrict de Zips, parce que cette Couronne pourroit tout auffi-bien faire valoir fes droits fur la Ruffie & la Podolie ; ce raifonnement, en

même tems qu'il offre l'exemple de la plus
singulière logique, fournit une preuve incontestable de la justice de ses droits, dont il fait
lui-même, en sa qualité de Ministre, un for-
mel aveu à l'Envoyé de l'Empereur.

Des titres non moins incontestables & légi-
times, fondent les droits de la Couronne de
Boheme sur les duchés d'Oswiétzim & de
Zator.

Le duché d'Oswiétzim, dont celui de Zator
dépendoit alors, fut cédé en toute propriété,
en 1179, par Casimir III, Roi de Pologne, à
Micislas, Duc de la Haute-Siléfie & de Tefchen, à titre de dédommagement. Il seroit
trop long de déduire toutes les circonstances
& les motifs de cette cession, dont on trouve,
d'ailleurs, les détails dans les historiens Allemands & Polonois, tant anciens que modernes. (Voyez là-dessus Sommersberg (1).

Les événemens qui suivirent en Pologne &
en Siléfie, amenèrent enfin au treizième &
quatorzième siècle, l'union des duchés & principautés de Siléfie avec le royaume de Bohême,
après la dissolution entiere des liens qui les
attachoient à celui de Pologne.

____

(1) Tom. I, script. Rer. Sil. accesс. ad tab. ge-
neral. I, pag. 301 & 305, & ad tab. VI, pag. 673.

Tous les hiſtoriens s'accordent ſur les cau-
ſes qui préparèrent cette révolution. D'un côté
les Princes de la Siléſie , dont le nombre étoit
fort augmenté , ſe trouvoient , par la ſituation
de leurs états, expoſés à ſouffrir, plus que d'autres, des guerres fréquentes de la Pologne avec
ſes voiſins. D'un autre côté , ils éprouvèrent de
la part des Polonois , qui les ſoupçonnoient d'une
trop étroite intelligence avec les Allemands ,
tous les effets du mépris & d'une haîne injuſte.
Ils furent exclus des diétes d'élection & autres,
& même privés de leurs poſſeſſions en Pologne ; de ſorte que pour leur propre conſerva-
tion , ils furent réduits ſucceſſivement à rompre le nœud qui les uniſſoit à la Pologne , & à
ſe mettre entièrement ſous la protection de la
Couronne de Bohême.

Caſimir, Duc de la Haute-Siléſie , tige de la
branche ducale de Teſchen , donna l'exemple
aux autres en 1289. Il offrit en fief au Roi
Venceſlas de Bohême , les états qu'il poſſédoit
à titre de pleine propriété , & dont les duchés
d'Oſwiétzim & de Zator faiſoient partie.

Dans l'acte expédié à ce ſujet , ce Duc rap-
pelle une obligation antérieure contractée par
ſon pere envers Ottocare, Roi de Bohême, & y
allégue les vexations des Polonois , dont il eſpé-

roit se mettre à l'abri par la protection de la Couronne de Bohême.

Casimir III, Duc de Teschen, & Jean d'Oswiétzim, renouvellèrent l'hommage envers la Boheme en 1327. Casimir III étoit fils de Casimir II dont on vient de parler, & dont Jean, neveu de Casimir III, étoit petit-fils, à qui le duché d'Oswiétzim, dépendant de celui de Saxe-Teschen, fut donné en partage (1).

Ces deux actes, publiés par Sommersberg, se trouvent en original dans les archives. Le dernier, qui mérite préférablement d'être rapporté, est ci-joint N°. XIII. Entr'autres dépendances, il y est nommément fait mention du duché de Zator, qui ne fut séparé d'Oswiétzim que long-tems après, & qui, avec quelques terres adjacentes, reçut par la qualité de ses possesseurs, le titre de duché.

En même tems, le Roi Jean de Bohême, comme seigneur suzerain, assura audit Casimir II & à ses héritiers, la succession éventuelle du duché d'Oswiétzim, au cas que la postérité du Duc Jean, son neveu, viendroit à manquer.

---

(1) Voyez la table généalogique de Sommersberg.

En 1335 & 1339 , après la mort de Ladiſlas Loktek , Roi de Pologne , la paix fut rétablie entre Jean , Roi de Bohême , & Caſimir III , fils & ſucceſſeur de Ladiſlas , par la médiation de Charles , Roi de Hongrie , leur parent commun. Le traité porte , qu'en vertu d'une convention préliminaire de 1335 , qu'on peut lire dans Sommersberg (1) & Dumont (2) , Jean & ſon fils Charles , alors Margrave de Moravie , renonceroient à jamais à leur prétention ſur le royaume de Pologne , & au titre qu'ils en avoient pris , à condition que , de ſon côté , le roi de Pologne abandonneroit à perpétuité les droits prétendus de ſa Couronne ſur les duchés de Siléſie , & n'inquiéteroit plus les Rois de Bohême à cet égard. La ratification de Caſimir III , qui confirme ce traité dans tous ſes articles , eſt de 1339 , & l'acte en eſt ci-joint N°. XIV.

Dans les deux actes , les ducs & duchés de Siléſie , auxquels on renonça de la part de la Pologne en faveur de la Couronne de Bohême , font déſignés par leurs noms , & particulièrement les Ducs Ladiſlas de Teſchen & Jean

______

(1) Tom. I , pag. 774.
(2) Tom. I , part. 2 , pag. 150.

D 5

d'Ofwiétzim , avec leurs duchés. De plus , Cafimir, dans fon acte de ratification de 1339 , s'engage , fous ferment pour lui & fes héritiers , de renoncer à perpétuité à toute prétention fur lefdits Ducs & Duchés de Siléfie avec leurs dépendances ; de n'inquiéter en aucun tems les Rois de Bohême de ce chef , & de ne s'arroger, ni d'accepter aucune fouveraineté fur ces Ducs & Duchés. Il déclare qu'il n'y a jamais eu aucun droit , & que cette renonciation ne pourra jamais être infirmée fous aucun prétexte , ni même par laps de tems.

L'Empereur Charles IV ufa donc, en fa qualité de Roi de Bohême , d'un droit légitimement acquis , lorfqu'il réunit à perpétuité à la Couronne de Bohême les duchés de la Siléfie, & particulièrement celui d'Ofwiétzim. Ce qui fut confirmé par tous les Electeurs en 1355 ; témoins les actes de confirmation de chaque Electeur en particulier , confervés dans les archives, ainfi que la copie de l'acte de l'Electeur de Mayence , publiée par Balbinus & Dumont.

En 1372 la renonciation fut encore renouvellée par Louis I , Roi de Hongrie & de Pologne , (Voyez l'acte, Nº. XV.) où les duchés de la Siléfie , & fur-tout celui d'Ofwiétzim , font nommés , & où Louis promet fous ferment , tant pour lui que pour fon époufe Elifabeth , & fes héritiers & fucceffeurs , qu'ils ne tenteront jamais de s'emparer d'aucune des provinces de la Bohême , ni des fufdits duchés de Siléfie ; qu'ils n'y formeront jamais aucune prétention , & que fi même quelques Ducs ou poffeffeurs defdits états , vouloient reconnoître la fouveraineté de Louis ou de fes héritiers , ceux-ci n'accepteroient , ni ne pourroient accepter , une telle foumiffion.

Les droits de la Couronne de Bohême fur les fiefs d'Ofwiétzim & de Zator , complettement affermis par des renonciations ainfi réitérées , ne peuvent depuis avoir fouffert la moindre atteinte des entreprifes des Polonois & de fes propres vaffaux : entreprifes auxquelles ces renonciations avoient imprimé d'avance le caractère d'invalidité & de nullité.

Les exemples qui conftatent l'exercice des droits de fuzeraineté par les Rois de Bohême , & d'hommages rendus par lefdits vaffaux , fans aucune oppofition de la part des Polonois , ne manquent point. Venceflas , Roi de Bohême , inveftit en 1372 Premiflas , Duc de Tefchen , du duché d'Ofwiétzim après la mort du Duc

Jean fans héritiers. (Voyez Sommersberg (1).

Au même endroit Sommersberg rapporte encore, qu'en 1400, Venceflas, en qualité de feigneur Suzerain, confirma l'hypothéque que Jean, Duc d'Ofviétzim, conftitua fur Zator, pour affurer la dot de Hedwige, fon époufe.

Nous trouvons auffi dans cet auteur (2) une pièce authentique de 1402, qui contient une ligue de tous les ducs de Siléfie, où Jean, Duc d'Ofwiétzim, eft nommément compris, pour fecourir le Roi Venceflas, leur feigneur fuzerain, (ce font les paroles de l'acte,) accablé par fes ennemis.

En 1407, ce même Venceflas confirma l'inveftiture du duché d'Ofwiétzim, donnée, comme on a vu ci-deffus, à Premiflas, Duc de Tefchen (3).

Dans l'acte d'une paix publique que les ducs de Siléfie, & parmi eux nommément encore Venceflas, Duc d'Ofwiétzim, & fes freres, conclurent en 1435, il eft dit : Que ce traité fut fait *à la demande & par les ordres* de l'Em-

---

(1) Ad fin. tom. III.
(2) Tom. I, pag. 1006.
(3) In append. ad tom. III.

pereur Sigifmond , Roi de Bohême , dont ils fe qualifient *les vaſſaux ſoumis & fideles ſujets* (1).

Le traité conclu en 1447 , qu'on peut voir dans Sommersberg (2) , entre les Ducs d'Oppelen , de Ratibor , de Teſchen , & Jean ou Januſch d'Ofwiétzim , d'une part , & le Roi ainſi que le Royaume de Pologne, de l'autre , pour la défenſe réciproque de leurs états, fournit une autre preuve bien claire , que la Pologne confidéroit encore alors ces ducs , & par conſéquent celui d'Ofwiétzim , dont elle requiert l'affiſtance comme de princes étrangers & entièrement indépendans de la Couronne.

Mais ſans avoir égard à des droits ſi anciens & tant de fois reconnus par ſes prédéceſſeurs, Caſimir IV , Roi de Pologne , conçut, vers l'an 1452 , le deſſein de s'approprier à tout prix le duché d'Ofwiétzim ; & pour l'exécuter , il faiſit l'occaſion des troubles que la minorité de Ladiſlas-poſthume avoit fait naître en Bohême , en Hongrie & en Autriche.

L'hiſtorien Polonois Dlugofs , rend compte en détail des moyens que Caſimir employa

______

(1) Tom. I , pag. 1019.
(2) Tom. I , pag. 1011.

pour parvenir à ſes fins. Les hoſtilités furent commencées par Schaffraniecz (Vice-Camerarius de Cracovie,) contre les deux freres Premiſlas, Duc de Teſchen , & Jean, Duc d'Oſwiétzim , pour les contraindre au payement d'un tribut injuſte. Mais ces Princes ayant repouſſé cette violence & envahi le territoire de Cracovie , le Roi lui-même prit les armes en 1453 , & par des forces ſupérieures s'empara· du château d'Oſwiétzim. Après avoir fait de vains efforts pour le reprendre , le Duc Jean ſe vit réduit à céder à Caſimir tout le territoire d'Oſwiétzim , pour les frais & dédommagemens de la guerre , & à ſe contenter , pour le reſte, d'une ſomme de 20000 marcs *groſſorum latorum.*

Les troubles du régne de Ladiſlas , agité par les querelles de religion , & terminé en 1457 par la mort prématurée de ce jeune Prince, ne permirent pas de ſoutenir par les armes les droits de la Couronne de Bohême enfreints par la Pologne. George cependant , ſucceſſeur de Ladiſlas, quoique ſon règne fût très-orageux , ſongea à les maintenir , & réclama le duché d'Oſwiétzim comme dépendant du duché de Teſchen.

Mais le Roi George ayant trop d'intérêt à

vivre en bonne intelligence avec Cafimir ,
dont en 1460 il s'étoit déjà ménagé l'alliance
& l'appui , confentit , par une convention fi-
gnée à l'entrevue des deux Rois à Glogaw en
1462 , à laiffer le Roi de Pologne en poffeffion
du territoire d'Ofwiétzim & de Zator ; quoique pour ne pas abandonner les droits de la
Couronne de Bohême , cette poffeffion fût ref-
treinte à la vie de Cafimir feulement : ce qui
eft prouvé par l'extrait de Sommersberg (1) ,
ci-joint N°. XVI.

C'eft à cet événement , qui recula pour les
ducs d'Ofwiétzim l'efpérance de recouvrer
leurs états , & au zèle de religion , que femble
avoir été attribué le parti que prirent , en
1469 , les Ducs Premiflas , d'Ofwiétzim & de
Toft , & Jean d'Ofwiétzim & de Gleibitz ,
ainfi que les autres Ducs de la Haute-Siléfie ,
de fe ranger du côré de Mathias Corvin , élu
Roi par les Catholiques de Bohême , à l'exhor-
tation du Pape , pour l'oppofer au Roi George.
Le pacte d'union , qui eft rapporté par Sommersberg , fe fonde cependant principalement
fur les Droits de la Couronne de Bohême (2).

---

(1) Tom. II , in Mantiffa Dipl. pag. 86.
(2) Tom. I , pag. 1054.

En attendant, Cafimir IV étoit refté en poffeffion des Duchés d'Ofwiétzim & du Duché de
Zator, jufqu'à fa mort en 1492. Jean Albert étoit
parvenu aux couronnes de Bohême & de Hongrie ; mais le règne de ce Prince n'étant qu'un
tiffu de troubles au-dedans & de guerres au-
dehors, Jean Albert vit ce que ces circonftances avoient d'avantageux pour lui. Loin de
craindre que fon frere ne l'obligeât à reftituer
ce que fon pere avoit poffédé, il acquit encore
le refte du diftrict de Zator, que le Duc Jean II
lui vendit en 1494. Le contrat fe trouve dans
Sommersberg (1).

Les troubles qui fe perpétuèrent fous les rè-
gnes de Ladiflas & de fon fils Louis, empê-
chèrent pendant tout ce tems de réprimer les
ufurpations des Polonois. Ferdinand I, cependant, tâcha encore de rétablir, ou au moins
de fauver, les Droits de la Couronne, en re-
nouvellant dès la premiere année après fon
avènement (en 1527) avec Sigifmond I, la
convention faite en 1462 entre George &
Cafimir. (Voyez ci-joint, N°. XVII, l'extrait tiré de Sommersberg), & la poffeffion

---

(1) Tom. I, pag. 811.

des Duchés d'Oſwiétzim & de Zator fut encore reſtreinte à la vie du Roi de Pologne régnant.

Après cette époque, on ne trouve, à la vérité, plus de traces d'aucun fait particulier relatif aux droits ; cependant dans tous les traités conclus depuis, & renouvellés ſouvent entre la Bohême & la Pologne, la compoſition amiable des différends, tant anciens que nouveaux, y eſt toujours ſtipulée & réſervée.

En récapitulant & rapprochant les faits rapportés auſſi briévement que poſſible dans cet expoſé, il s'enſuit :

Que dès le onziéme & douziéme ſiécle, & dans des tems plus reculés encore, les Rois de Hongrie ont poſſédé légitimement le royaume de la Ruſſie-Rouge, ou petite Ruſſie, conſéquemment entr'autres les importantes provinces de Galicz & de Lodomérie, qui en dépendoient.

Que ces Rois ont continué, ſans interruption, de prendre les titres & les armes de Galicz & de Lodomérie.

Qu'en vertu de la tranſaction paſſée entre Louis & Caſimir, dont la validité a été reconnue par la Pologne, encore en 1673, Louis de Hongrie, après la mort de Caſimir, reprit, &

eut droit de reprendre , la poſſeſſion du royau‑
me de Ruſſie.

Que Marie, fille aînée de Louis , à qui elle
ſuccéda en Hongrie , a tranquillement poſſédé
la Ruſſie.

Qu'enſuite ce royaume fut arraché à main
armée , & injuſtement à Marie par ſa ſœur
cadette Hedwige, Reine de Pologne.

Que par le traité de 1412 , la Pologne, à la
vérité , fut laiſſée en poſſeſſion de la Ruſſie ;
mais que l'arrangement définitif des droits &
prétentions réciproques y fut expreſſément ré‑
ſervé.

Que la Couronne de Hongrie n'a jamais , ni
en aucune manière , renoncé à ſes droits &
prétentions.

Que des troubles & des guerres continuelles
ont empêché pendant long-tems de les faire
valoir efficacement.

Mais que cependant on a cherché , par tous
les moyens poſſibles , d'en conſerver au moins
l'intégrité.

Qu'à l'égard des duchés d'Oſwiétzim & de
Zator , le droit de ſuzeraineté de la Couronne
de Bohême , eſt fondé ſur les titres les plus au‑
thentiques.

Que cette ſuzeraineté , le prix de l'abandon

des droits manifestes de cette Couronne sur toute la Pologne, fut pleinement exercée & constatée par les renonciations formelles des Polonois.

Que les Rois de Pologne se sont emparés depuis de ces duchés, par des voies de fait & par des aliénations ou soumissions illégitimes & nulles, comme faites par des vassaux de la Bohême, sans le consentement & au mépris des droits incontestables de la Couronne.

Qu'ainsi tout ce qu'on allègue de la part de la Pologne, ne peut jamais renverser des droits aussi fondés, & qui subsistent encore aujourd'hui sur ces fiefs vacans & dévolus depuis long-tems.

Que par conséquent après de si longs délais, la Maison d'Autriche est bien autorisée à faire valoir enfin efficacement les droits & prétentions légitimes de ses Couronnes de Hongrie & de Bohême, & de s'en faire raison par les moyens qu'elle vient d'employer; dans l'emploi desquels on a usé, d'ailleurs, de toute la modération possible, en bornant à un équivalent très-modéré, des prétentions réelles sur les plus grandes & les meilleures provinces de la Pologne, telles que la Podolie, la Volhynie, le duché de Sévérie, les Palatinats de Lublin

& de Chelm, &c. dans le tems même où l'on
s'eſt trouvé dans la néceſſité de devoir recourir
à des voies extraordinaires, attendu qu'une
longue expérience n'a que trop prouvé, ainſi
qu'il a été obſervé dans le manifeſte remis à
Varſovie, « Que l'état de la république ne
» permet pas de pouvoir jamais eſpérer juſtice
» par les voies ordinaires ».

PIECES

PIÉCES JUSTIFICATIVES.

N°. I.

*Littera Andrea II, Regis Hungaria, ad Innc-
centium Pontificem Romanum.*

SANCTISSIMO in Chrifto , Patri Innocentio Dei
gratiâ facrofanctæ Romanæ , Ecclefiæ fummo Pon-
tifici , Andreas eadem gratiâ Hungariæ , Dalmatiæ ,
Ramæ , Serviæ , Galliciæ , Lodomeriæque , Rex falutem & filialem devotionem.

Confuevit fedes Apoftolica , fe jufta petentibus
exhibere facilem , & in explendis honeftis petentium
defideriis juftis apud Paternitatis veftræ manfuetudi-
nem promovendis , non immerito fiduciam nobis
promittimus. Noverit igitur fanctitas veftra quod
Galicziæ principes, & populus noftræ. Ditioni fubjecti à nobis humiliter poftularunt , ut filium noftrum Colomanrum , ipfis in Regem præficeremus
in unitate & obedientiâ facrofanctæ Romanæ ecclé-
fiæ perfeveraturis in pofterum , falvo tamen eo ,
quod fas illis fit , à ritu proprio non recedere. Verum ne tam expediens nobis, & vobis illorum propofitum ex dilatione fuftineat impedimentum , quod
quidem multis de caufis accidere poffe conftat , fi
legatum ad hoc exequendum à latere veftro deftina-
tum præftolamur , à fanctitate veftrâ poftulamus,
quatenus venerabili in Chrifto , Patri noftro , Stri-

gonienfi Archiepifcopo , detis in mandatis ut Apof-
tolicâ fretus autoritate dictum filium noftrum eis in
Regem inungat , & facramentum fuper obedientia
facrofanctæ Romanæ ecclefiæ , ab eodem exhibenda
recipiat.

Præterea innotefcere volumus , veftræ Paternitati
nos ad proficifcendum Hyerofolymas , ficut & tenemur , ftudiosè intendere & omni diligentiâ fefti-
nare. Ideoque regni noftri curam , cujus Principes
ad diffentiendum proni funt , & filiorum noftrorum
tutelam , quorum ætas patrono indiget , & Patri
noftro in Chrifto , Strigonienfi Archiepifcopo , qui
& dignitate cæteris præeminet , & fidei conftantiâ
probatus eft , cum quibufdam aliis , quorum provi-
dentiâ & in receffu , & poft receffum noftrum cre-
dimus regnum plenâ tranquillitate potiri immutabili-
ter , poffumus commendare. Quapropter rogamus
paternitatem veftram , quatenus compatiendo noftris
neceffitatibus ipfum ab onere accedendi ad vos ha-
beatis excufatum ; venerabiles autem viros quinque
ecclefienfem , Genrienfem Epifcopos , nec non præ-
pofitum Albenfem , Cancellarium noftrum , dudum
voto alligatos , & figno crucis infignitos , ut nobis
itineris focii fint , ut pote ex quorum focietate non
modicas vires , conftat nobis accrefcere , à vocatione
veftrâ diligenter imploramus abfolvi , &c.

N°. II.

Litteræ Honorii Pontificiis Romani Andream II,
Regem Hungariæ.

NUPER ex parte tuâ fuit propofitum coram nobis , quod cum dudum Regi nato tuo fecundo genito ad regnum Galetiæ , fibi datum , per venerabilem fratrem noftrum, Strigonienfem Archiepifcopum autoritate fedis Apoftolicæ coronato in Regem , filiam nobilis viri Ducis Poloniæ matrimonialiter copulaffet; tum à te quam ab ipfo duce corporali juramento præftito , quod neuter veftrûm diffolvi hujufmodi matrimonium procuraret , quinimò Regem prædictum in obtinendo regnum ipfum defenderetis , toto tempore vitæ fuæ cafu finiftro accidit; Regem ipfum cum fponfa,& pluribus aliis viris nobilibus à tuis hofti-bus capturari , & tam diu extra Regem ipfum mancipa-tos cuftodiæ detineri , donec necefiitate compulfus , cum ipfos aliter liberare non poffet , juramento præftito promififti , quod & filio tuo tertio genito con-cefferis ; ipu regnum præfatum , filiam nobilis viri Miefczlau matrimonialiter copulares , fuper quâ uti-que Apoftolicæ provifionis fuffragium poftulafti.

Nos igitur hác & aliis tuis petitionibus in præfen-tiâ fratrum noftrorum diligenter expofitis , de ipfo-rum confilio juramentum hujufmodi in eo duntaxat, quod regnum prædictum alii Regi autoritate Apof-tolicâ coronato primò coceffum , tetigiffe videtur tamquam illicitum & primò juramento contrarium decrevimus non tenere. In eo vero quod fpectat ad aliud contrahendum matrimonium , expedire non videmus ut abfolvaris à nobis. Cum enim ficut accepimus præfatus filius tuus , & filia fupradicti M : in minori exiftant conftituti ætate, antequam ad nubiles annos perveniant , tibi cautius & confultius provideri poterit in hoc cafu. Super eo autem quod caufam , quæ vertitur inter & chariffimam in Chrifto filiam noftram Conftantiam Romanorum Imperatricem , femper auguftam & Reginam Siciliæ , ad noftram petiifti audientiam revocari; noveris nos eidem Imperatrici noftras , fub hoc litteras deftinaffe , credentes quod & ipfa velit libenter ut idem negotium ad Apoftolicæ fedis remittatur examen , &c. Datum lat. vj. Kalend. Februarii , Pontif. noftri anno vj.

N°. III.

Ex Diplomatario manufcripto Poloniæ apud Sommersberg , tom. II , fcript. Rer. Silef. in Mantiffa Diplom. pag. 81.

Lᴜᴅᴏᴠɪᴄᴜꜱ , Hungariæ Rex , donat Cafimiro I, (III.) Regi regnum Ruffiæ , hâc conditione quod fi Rex Poloniæ , prolem mafculinam fufceperit, tunc filius Regis , acceptis millibus florenis Hungaris Regi cedere Ruffia tenebitur. Sin vero Cafimirus , abfque mafculinâ prole decefferit , regnum Ruffiæ ità quemadmodum & Poloniæ devolvetur , fecundum priora pacta ad Regem Hungariæ. Datum Budæ , infrà octavas fefti Pafchæ , anno Domini 1352.

N°s IV. & V.

Copia donationis super Bona Polonica.

Nos Maria, Dei gratiâ, Regina Hungariæ, Dalmatiæ, Croatiæ, &c. Memoriæ commendamus tenore præsentium significantes, quibus expedit universis quod Sereniſſimo & Excellentiſſimo Principe olim Domino Ludovico, præmiſſa, Dei gratiâ, Rege Hungariæ, Poloniæ, Dalmatiæ, &c. Felicis & laudandæ recordationis genitore noſtro benigniſſimo volente Domino cœli, cujus nutu omnia reguntur & diſponuntur, abſque prole maſculinâ de medio ſublato, nobiſque jure ſucceſſorio, & ordine genituræ coronam & ſolium dicti Regni Hungariæ, ac ſceptra regiminis ipſius genitoris noſtri feliciter adeptis, Joannes, filius Andreæ de l'allugya, ad noſtram ac Sereniſſimæ Principis Dominæ Eliſabeth, eâdem gratiâ Reginæ Hungariæ genitricis noſtræ, benigniſſimæ veniendo præſentiam, ſuas fidelitates & obſequiorum merita, quibus primum eidem Domino Regi Ludovico, ac tandem nobis poſſe tenus ſtuduit complacere, proponens ac in memoriam noſtræ revocans Majeſtatis portionem poſſeſſionariam in poſſeſſione Demetrovich, vocata habitam quæ quondam Defsk, ac portiones poſſeſſionarias in poſſeſſionibus Jeſmanich, Pleſevich & Popovich, vocatis habitas & exiſtentes quæ quondam conſortis Ivan hominum ut fertur, abſque heredibus utriuſque ſexûs defunctorum præfuiſſe aſſeruntur, in re-

gno noftro Ruffiæ, in diftrictu Premizlienfi exiftentes, rationeque previa ad manus noftras regias de-
volutas fibi, & Ladiflao & Michaeli uterinis, nec
non Andreæ, filio Philippi Patrueli, fratribus fuis
à nobis perpetuo conferri poftulavit. Nos igitur
quæ cunctorum merita animo debemus metiri pietatis confideratis præmiffis fidelitatibus & fideliorum
obfequiorum meritis, ipfius Johannis, quibus idem
primum annotato, Domino Regi Ludovico, & demum ut præmentionatum eodem de medio fublato,
nobis locis & temporibus opportunis, juxtà fuæ
poffibilitatis exigentiam indefinenter ftuduit complacere prædictas portiones poffeffionarias in dictis pof-
feffionibus Demetrovich, Jefmanich, Plefevich &
Popovich vocatis, habitas annotatos quondam Defsk
& Dominam condam confortem Ivan de jure con-
tingentes, prout eadem de jure noftræ Regiæ perti-
nere difcernuntur collationi cum omnibus earum
utilitatibus & pertinentiis univerfis, fub eifdem metis & terminis ac conditionibus — quibus per præfatos condam Defsk & Dominam confortem Ivan
habitæ fuerunt, & poffeffæ de confenfu ejufdem
Dominæ genitricis noftræ Prælatorumque & Baronum noftrorum confilio præmaturo, eidem Joanni,
ac Ladiflao, Michaeli & Andreæ fratribus fuis, eorumque heredibus & pofteritatibus univerfis dedimus, donavimus & contulimus imò damus, donamus & conferimus, jure perpetuo & irrevocabiliter
tenendas & habendas teftimonio præfentium me-
diante falvo duntaxat jure alieno. Datum Budæ, in
octavis feftis beati Michaeli Archangeli, anno Domini millefimo tercentefimo octuagefimo quinto.

Copia Statutionis.

Nos, Emericus Bubek, totius regni Ruſſiæ Capitaneus, ſignificamus tenore præſentium quibus expedit univerſis. Quod Joannes, filius Andreæ, nobilis de Kis-Pallugya, de Comitatu Lyptovienſi litteras Sereniſſimæ Principis Mariæ, Dei gratiâ, Reginæ Hungariæ, præſentavit nobis in hæc verba :
Maria, Dei gratiâ, Regina Hungariæ, Dalmatiæ,
Croatiæ, &c. Fidelibus ſuis magnifico Domino Bubek, Capitaneo totius Ruſſiæ, vel Caſtellano, cuidam Premiſlienſi, ſalutem & gratiam. Cum nos
portiones poſſeſſionarias hominis cujuſdam Defsk
dicti, qui ut dicitur abſque hæredum ſolatio univerſæ carnis debitum perſolviſſet Demetrovich, &
alias portiones ejuſdem ubicunque locorum ſituatas,
& quocunque nomine vocitatas : item Jeſmenich,
Pleſevich & Popovich vocatas, ad præfatum caſtrum — vocatum ſpectantibus & pertinentibus,
Johanni, Ladiſlao & Michaeli, filiis Andreæ de
Kis-Pallugya, & Andreæ, filio Philippi, de eâdem
aliis litteris noſtris mediantibus novæ donationis titulo duximus concedendas, eoſdemque in domiminium earumdem poſſeſſionariarum portionum volumus per veſtram fidelitatem legitimè ſtatuere & introduci; fidelitati igitur veſtræ mandamus & committimus præſentibus perceptis, eoſdem Joannem,
Ladiſlaum, Michaelem & Andream in dominium
earumdem poſſeſſionariarum portionum introducere
& conſuetudinibus dicti regni Ruſſiæ, ſtatuere de
beatis præmiſſæ noſtræ novæ donationis titulo poſſidendas. Datum Budæ, in octavis feſti beati Michae

lis Archangeli , anno Domini 1385. « Nos itaque
» præsentes litteras Dominæ nostræ Reginæ honora-
» biliter , ut tenemur , acceptavimus , possessionef-
» que Demetrovich , & alias etiam pertinentes cujuf-
» dam hominis Defsk , vocati abfque hæredum fola-
» tio decessi & defuncti nec non Jefmenich , Plefe-
» vich & Popovich ad caftrum —— pertinentes &
» fpectantes fæpè dictis Johanni , Michaeli Ladiflao
» ac Andreæ , fratribus fuis , juxtà perceptum litte-
» rarum reginalium affignavimus in perpetuum &
» ftatuimus ipfis , hæredum ipforum fuccefforibus ,
» jure perpetuo & irrevocabiliter poffidendas , te-
» nendas & habendas , nullius contradictione ob-
» viante. In cujus rei teftimonium perpetuamque
» firmitatem præfentes figillo noftro confignantes, ei-
» dem Johanni & fratribus fuis prænotatis duximus
» concedendas. Datum in Burga , eadem die fefti
» Sanctorum omnium , anno prænotato ».

N°. VI.

Nos , Wladiflaus , Dei gratiâ , Rex Poloniæ , nec
non terrarum Cracoviæ , Sandomiriæ , Siradiæ , Lanciciæ , Cujaviæ , Lithuaniæque , Princeps fupremus
Pomeraniæ , Ruffiæque , Dominus & hæres , &c.
Ad certitudinem præfentiam & memoriam futuro-
rum. Inter varias follicitudines curafque multiplices
quæ minifterio Regiæ dignitatis incumbunt de paci-
fico & falubri ftatu regnorum noftrorum follicitè cogitare nos convenit , ut in regnis ipfis ac fubditis noftris vigeat tranquilla beatitudo quietis & folidæ pa-

cis gratia nutriatur. Summopere igitur occurrendum
est ut non crescant, jurgia sed juxtà Magistram bonorum omnium caritatem quæ nihil sapit extraneum, nil asperum, nil confusum imo propria
æquitate nutrit concordiam dissociatos conjungit,
pacem & unitatem consolidat, cupientes itaque omnium displicentiarum, odiorum, injuriarum, dissensionum, & guerrarum materias & fomites inter
Serenissimum Principem Dominum Sigismundum,
Romanorum Regem, semper Augustum & Hungariæ Regem, &c. Fratrem nostrum carissimum ab
unâ, nosque & præclarum Principem Dominum Vitowdum, Magnum Ducem Lithuaniæ, fratrem
nostrum dilectum partibus ex alterâ, ac regna dominia & subditos cujuslibet nostrum quoquomodo hactenus, exortas & atemplatas tollere & suffocare, &
ad statum debitum mutuæ caritatis unione laudabili
deducere, ad hujusmodi connexionis, pacis fraternitatis & concordiæ in concussæ duraturam devenimus unionem, primò nempe ex certâ nostrâ scientiâ,
& in virtute fidei Catholicæ perfectæ, & puro corde
ac verbo regio accedentibus ad hoc etiam Prælatorum, Baronum & Procerum regni Poloniæ pariter
consensu & assensu assumimus & pollicemur; quod
ab hac die & horâ in anteà, puram, veram & sinceram fraternitatem una cum prædicto Domino Alexandro, Duce Lithuaniæ, &c. Pro quo Domino
Sigismundo Regi, &c. Prædicto facimus cautionem,
quod idem Dominus Alexander Dux Lithuaniæ viceversâ sibi eandem fraternitatem jugiter observabit
& per suas autenticas & privilegiales litteras firmabit, exhibebimus & servabimus, ipsumque contrà
omnem hominem viventem ipsum invadere hostili-

ter molientem totis noftris viribus adjuvabimus , &
quod auxilium vel confilium nunquam dabimus nec
confentiemus contrà ipfius ftatum feu aliam neque in
periculum feu necem ipfius perfonæ nos vel alium ,
perfonas aliquatenus machinabimur aut machinari
volentibus confentiemus , fed potius confervationem
fanitatis & vitæ ipfius , honorem quoque ipfius pro
poffe procurabimus & quod de regnis terris dominiis
vafallis & fubditis ipfius , nullo unquam tempore
quidquam attemptabimus , damnum quoque & periculum ftatûs & perfonæ , ac honoris ipfius averte-
mus ; proditoribus ac rebellibus ejus non confentiemus , imo fraternitatem ipfius in talibus ubi fciveri-
mus præveniemus , fibi intimando defendemus ac ei
affiftemus , ac omnia alia & fingula ergà ejus fraternitatem generaliter & fpecialiter attendemus & efficaciter obfervabimus , quæ verè & fincerè fraternitatis vinculum exigit , & quæ in præfentibus litteris
noftris per diftinctiones & continentias earumdem in
fuis punctis , claufulis & articulis fententiis quoque ,
& capitulis univerfis comprehenduntur promittimus
firmiter inviolabiliterque , & effectualiter attendere
& retinere , prout viccaria & reciproca viciffitudine
præfatus Dominus Sigifmundus , frater nofter cariffi-
mus hæccine nobis & eidem Domino Alexandro ,
Duci Lithuaniæ , tenenda & obfervanda repromifit.
Verùm quia fuper terris Ruffiæ & Podolliæ , Moldaviæ inter ipfum Dominum Sigifmundum , &c. Et
nos & occafione earumdem inter cætera diffenfionis
materia vertebatur , in facto itaque Ruffiæ terræ inter præfatum Dominum Sigifmundum , &c. Et nos
& occafione concordatum extitit hoc modo , vi vita
fibi in fimul & nobis comite ufque ad diem obitûs

unius ex nobis quem prius nutu divino exemi contingat ab humanis , inter ipsum Dominum Sigismundum Regem , &c. Nos & Dominum Alexandrum , prædictum pacis & treugarum fœdera habeantur , & in concuffe obferventur modo infrà fcripto , quibus treugis durantibus terram Ruffiæ, prout tenemus pacificè tenebimus , fine impedimento prædicti Domini Regis Sigifmundi , &c. Et regnorum ac fubditorum ipfius aliquali , in terrâ verò Podolliæ , idem Dominus Sigifmundus , Rex , &c. Tam per fe quam per fuos fubditos promifit , nos non impedire , neque alicui ad illam impediendam confilium favorem vel auxilium præftare treugis durantibus infrà fcriptis. Item in cafu quo nos eundem Regem Wladiflaum memorato Domino Sigifmundo , Rege fratre noftro , &c. Vocatione divinâ præmori contingat , ex tunc poft obitum noftrum prædictæ treugæ infrà quinque annos immediate fequentes debent perdurare , & à converfo fi prætactum Dominum Sigifmundum Regem prius nobis decedere acciderit , fœdera ejufmodi treugarum fimiliter infrà quinquennium inter Hungariæ & Poloniæ , regna poft ejus deceffum debent firmiter obfervari , & infrà prædictos quinque annos treugarum videatur de juftitiâ & jure partium , fecundum feriem & continentias litterarum alias per Prælatos & Barones , utriufque regni Hungariæ videlicet & Poloniæ , primum in Iglaviâ alio nomine in novâ villâ & alterâ vice in antiquâ villâ confectarum , quarum contenta habentes hic pro fufficienter infertis quoad hoc in fuo robore volumus permanere. Prætereâ de terrâ Moldvæ five Moldaviæ taliter ut fequitur inter eundem Dominum Sigifmundum , Regem , &c. Fratrem noftrum cariffimum & nos eft mutuo concordatum , ex quo enim Magnificus Alexander Voyevoda Molduanus , ad beneplacita & mandata noftra fe nobis dinofcitur obligâffe , quam obligationem Dominus Sigifmundus , Rex , prædictus ob amorem puræ & finceræ fraternitatis noftræ nolens turbare vel impedire , ideò difpofitum extitit & firmatum , ut quotienfcunque Turci & Infideles terras Coronæ Hungariæ , cum valido exercitu hoftiliter invaderent & eandem depopulare & devaftare molirentur, aut quandocunque prædictus Dominus Sigifmundus , Rex, &c. Contrà prædictos Turcos , aut infideles mille lanceas vel plures armaret & contrà ipfos ad expeditionem extrà fines regni fui Hungariæ deftinaret , ex tunc ad ipfius nunciationem & fignificationem mandare debebimus fupradicto Moldvano , ut ipfe in propriâ perfonâ cum fuâ totâ potentiâ eidem Domino Sigifmundo , Regi , &c. Et ipfius exercitui fuccurrat , & obfequia præftet fideliter & conftanter , falvo fi Molduanus ipfe infirmitate notabili & gravi eo tunc effet præventus , quo cafu nihilominus potentiam fuam cum rectore exercitûs fui Idoneo tranfmittere debebit , aut fi faltem in fervitio noftro cum fuâ potentiâ pro tunc foret præoccupatus , qui fi de mandato noftro ut prælibatur in fuccurfum contrà Turcos vel infideles perfonaliter venire , vel infirmitate præveniente mittere fuam potentiam recufaret , ex tunc nos ambo videlicet Sigifmundus & Vladiflaus , Reges fimul debebimus terram Moldaviæ , non obftante prædictâ obligatione potenter invadere , & ipfum Voyevodam Moldwanum ab eâdem amovere , & ditioni noftræ fubjugare , optentamque inter nos Reges dividere , & per limites feu terminos infrà fcriptos diftinguere tali modo , quod Sylvæ majores Bucobina dictæ incipiendo à montibus feu Alpibus Regni Hungariæ , inter eandem terram Moldaviæ & terram fepenicenfem fituatæ penes Sereth protendentes fe ad aliam fylvam minorem Burowina dictam , ufque ad fluvium Pruth per medium dividi feu dimidari , & quod forum Jafskytarg in finiftrâ parte fitum maneat pro nobis & terris Ruffiæ , forum vero feu villam Berleth , in dextrâ parte fita maneat Domino Sigifmundo , Regi & Coronæ Hungariæ regni , tranfcenfo autem fluvio Pruth , refiduæ Sylvæ directè procedendo per campos defertos ufque ad mare pari modo cum eifdem campis defertis per medium dividentur , ità quod Byelegrod cum æquali medietate pro nobis & terris Ruffiæ , & Kylia cum aliâ æquali medietate pro Domino Sigifmundo & Corona regni Hungariæ , maneant taliter dimidiatæ & divifæ & pars illa quæ ex tali divifione nobis cedet , remaneat in manibus noftris fub formâ pacis & treugarum fuper terrâ Ruffiæ , fuperius expreffarum , ubi verò prædictus Molduanus conftanter & fideliter mandata per nos in fubfidium fibi injungenda Domini Sigifmundi , Regis , &c. Et fuccurfum adimplebit tunc prædicta totalis terra Moldvæ apud ipfum remanebit , etiam poft obitum alterius noftrûm Regum prædictorum ad quinquennium , fub fœdere treugarum prædictarum falvo jure utriufque partis. Item fi aliquis vel aliqui ex fubditis cujufcunque noftrûm alterius regnorum noftrorum aut terrarum aliquas vaftationes prædas , rapinas , vel incendia , vel aliaquæcunque maleficiorum genera in regnis & terris alterius commiferit vel commiferint , quod per hoc treugæ præmiffæ non infringantur , fed quod

iidem malefactores ad satisfactionem judicialiter com-
pellantur, ita quod damna per ipsas facta de bonis
eorum resarciantur. Et si judicio parere contemnerent uterque nostrum ipsos tanquam maleficos perse-
qui, & impugnare tenebitur & debebit. Et ut prælibatur nullo dissensionis, displicentiæ, controversiæ,
& maleficii genere superveniente quotiescunque &
accidente interrumpi possit, & valeat quomodolibet
vel dissolvi fœdus treugarum & inscriptionum prædictarum, sed ut in talibus delicta non maneant impunita, disposuimus ut undecunque contingat in talibus delinqui aut excessum fieri recurratur & intime-
tur per injuriam & damnum patientem ad alterum
oppidorum, ut pote de Incolis, regni Hungariæ
ad oppidum Sandez, & de Incolis, regni Poloniæ
ad oppidum Levcze, quæ quidem oppida teneantur
judicibus hinc indè ex utrâque parte deputatis, aut
deputandis casum delictum & excessum intimare &
ipsos invocare, uti in termino competenti judices
quatuor numero videlicet Comitatuum de Sarus
Scepusiensis, Vivariensis & Zempliniensis, pro tunc
constituti & per Dominum Sigismundum, deputati
ad instantiam & querelam incolæ de Polonia in antiqua villa, & ex adverso judices totidem per nos
præfatum Vladislaum, Regem Poloniæ constituti &
in litteris nostris nominatim expressi ut pote Sande-
censis & Voyniciensis Castellani judex, & sub Camerarius Cracoviciensis etiam pro tempore constituti in villa Schramoviccze, aut in eisdem locis minor pars judicum eorumdem prout rei qualitas de-
poposcerit convenient ac judicium & justitiam fa-
cient simpliciter & de plano, nec non subterfugiis
cessantibus in delinquentes dignè animadvertant. Et

in corroborationem fidem & teſtimonium cautelæ uberioris ſigilla Prælatorum , Baronum & Procerum regni noſtri , quorum nomina ſingularis inferius adſcribuntur penes ſigillum noſtrum regale præſentibus ſunt appenſa. Nos quoque miſeratione divinâ , Nicolaus , Archiepiſcopus Halicienſis , ad Eccleſiam Gneznenſem poſtulatus regni Poloniæ , Vice-Cancellarius Albertus , Epiſcopus Poſnanienſis , regni Poloniæ , ſupremus Cancellarius , Somovithus Senior Boleſlaus ; Mazoviæ Sigiſmundus , Novogrodenſis , Dei gratiâ , Duces , Johannes de Tarnow , Cracovienſis , & Mathias de Labichino , Breſtenſis Palatini , Sbigneus de Brzeſye , regni Poloniæ , Marſchalcus Johannes Szekoczini , Lublinenſis ; Johannes de Tholiſchow , Califienſis ; Dobrſlaus de Olſchmiza , Voynicenſis ; Martinus de Calinow , Siradienſis ; Domarath de Cobylani , Begecenſis ; Sbigneus Bansk de Altomonte , Boſpergenſis ; Paulus de Bogumilovice , Polanecenſis ; Slaweez de Boglevieze , Czirnenſis Caſtellani ; Johannes de Melſtin , Bartoſſius de Charbinovice , Sandomirienſis ; Donyn de Skrzino , Cuyavienſis , ſub-Camerarii ; Zaviſſius de Oleſnicza , Tribunus , Lublinienſis ; Virzbantha de Branice , Dapifer , Gnevoſſius de Dalevice , ſub-Dapifer ; Florianus de Dzaduſchicze , ſub-Pincerna , Cracovienſis ; Adam de Thur , Lancicienſis ; Nicolaus de Milcovice , Siradienſis , ſub-Dapiferii ; Jacobus de Boturzin , Magiſter Curiæ , & ſub-Camerarius Reginalis ; Dobeſlaus de Kuroſwauky , Joannes Manzik de Drambova , Zaniſius Niger de Garbow , Petrus de Mezwez , Andreas Czolek de Oſtralauka , Capitaneus Halicienſis ; Paulus de Biſcupieze , Criſtinus de Gozeglovii , Zalica de Kors-

kyew, Nicolaus Powala de Tarzow , Groth de
Oftrow, Johannes de Ofolin, Henricus de Rogow,
Petrus de Chelin , Petrus de Cordbock , Staniflaus
de Wynarii , Nicolaus Sinowecz de Warfangow ,
Nicolaus Cracowka de Wfczifchonicze , Andreas
de Brotoczicze, Jacobus de Grzibaw , Raphael Bo-
rowcez de Dalescheovice , Nicolaus Stauka de
Rudka , Devflaus de Wloftonice , Adam Scheviga
de Moskorzow , bona fide & chriftianice noftris ,
& fratrum regnicolarum que univerforum vice &
nominibus affumimus , pollicemur & fide jubemus,
quod omnia & fingula fuperius fcripta & expreffa
præfatus Dominus nofter Wladiflaus, Rex, attendet
& nofque attendemus & fervabimus , fuam quoque
ferenitatem toto conamine inconcuffè obfervando
inducemus, dolo & fraude , in præmiffis omnibus &
fingulis procul motis. Datum in Lyblyo , decima
quinta die menfis martii anno Domini millefimo qua-
dragentefimo duodecimo , &c.

      Sigillum Regis appenfum , cum alliis
quinquaginta Magnatum Poloniæ, quorum
duodecim avulfa funt.

N°. VII.

N°. VII.

WLADISLAUS , Dei gratiâ , Rex Poloniæ , nec
non terrarum Cracoviæ , Sandomiriæ , Syradiæ ,
Lanciciæ , Cuyaviæ , Lithuaniæque Princeps fupremus Pomeraniæ , Ruffiæque Dominus & hæres.
Notum facimus quibus expedit univerfis. Quomodo cupientes ea quæ per Prælatos & Barones
noftros videlicet Reverendos in Chrifto Patres Dominos Nicolaum fanctæ Gneznenfis , & Nicolaum
Sanctæ-Halicenfis , Ecclefiarum Archiepifcopos ac
validos viros Chriftinum de Oftrow , Caftellanura
Cracovienfem, Nicolaum de Michalow , Sandomirienfem Palatinos , Michaelem de Bogumilovicze ,
Sandomirienfem, Johannem de Sczekoczin , Lublinenfem Caftellanos , Sbigneum de Brzeze , regni
Poloniæ , Marfchalcum & Zavifcium de Olefchnicza , Tribunum Lublinenfem, in Iglavia alio nomine nova villa feriâ tertiâ proximâ ante Dominicam Ramis palmarum, non præteritam, cum Prælatis & Baronibus Domini Sigifmundi , Regis Hungariæ , illuftris fratris noftri cariffimi ipfius plenam &
omnimodam poteftatem habentibus , tractata funt
alterutrim & conclufa , eorumque litteris efficaciter
roborata ac firmata ad finem debitum , ac præfectum
reducere ad conventionem , & terminum placitorum ad diem Sancti-Martini proximè venturum noftris Prælatis & Baronibus in Schramowiczæ , Prælatis verò ac Baronibus ipfius Domini Regis Hungariæ in antiqua villa ftatutum & præfixum juxtà con-

tinentias litterarum Prælatorum & Baronum prædictorum, hos Prælatos videlicet venerabiles in Christo patres, & Dominos Jacobum Plocensem, Albertum Posnaniensem, Nicolaum Vilnensem & Mathiam Premizlensem, Episcopos, Barones autem Christinum Castellanum Cracoviensem, Joannem Liganza Lanciciensem, Mathiam Calisiensem Palatinos, Georgium alias Gedigolt, consiliarium fratris nostri Ducis Alexandri, alias Vithowd, Capitaneum Podoliæ, Joannem de Sczekoczim, Lubliniensem, Nicolaum Santocensem, Castellanos, Joannem Cracoviensem & Petrum Siradiensem judices, de ipsorum fidei puritate solerti industriâ maturo consilio & providâ circumspectione plurimum confidentes, & maximè præsumentes, dirigimus, destinamus & mittimus, ipsosque in judices amicabiles compositores & arbitrarios decisores, omniumque negotiorum & causarum nostrarum gestores eligimus & constituimus, juxtà formam & tenorem litterarum, ut promittitur, per prædictos Prælatos & Barones in Iglavia, alio nomine in Novavilla, super finali decisione & conclusione omnium factorum inter nos, & prædictum Sigismundum, Regem Hungariæ, vectentium, confectarum. Hoc expresso quod Si unus, aut plures ipsorum mortui, aut legitimè impediti fuerint, quod alii vel alius loco ipsorum ponantur & locentur, dantes & concedentes eisdem Prælatis & Baronibus nostris meram, puram absolutam & omnimodam nostram regiam autoritatem, ex certâque scientiâ nostra, & animo deliberato plenam ac omnimodam potestatem, omnium displicentiarum, causarum, controversiarum & injuriarum materias, inter nos regnum, terras, dominia, metas,

limites territoria & confinia noſtra ac Dominum Sigiſmundum, Regem Hungariæ, terras, ſubditos,
territoria, dominia, metas, limites & confinia ipſius currentes & exortas judicandi, ſententiandi,
tractandi, concordandi, arbitraliter decidendi, com-
ponendi, concludendi ac juridicè finaliter terminandi
ſimul etiam vel diviſint terminoſque ad decidendum,
ſi ſemel decidi ac terminari non poterint, prorogandi
& ſtatuendi totiens quotiens fuerit opportunum.
Promittentes ratum gratum, atque firmum perpetuò
tenere & ſervare quidquid per ipſos judicatum tractatum compoſitum deciſum ac concluſum fuerit in
præmiſſis, harum quibus ſigillum Majeſtatis noſtræ
appenſum eſt teſtimonio litterarum. Datum in Becz,
die proximâ ante feſtum Sancti Martini, anno Domini milleſimo & quadringenteſimo undecimo.

Dominus Rex perſe.

Nº. VIII.

Nos Jacobus, Dei gratiâ, Plocenſis, Albertus
Poſnanienſis, Nicolaus Vilnenſis, Mathias Preſmi-
lienſis, Eccleſiarum Epiſcopi, Chriſtinus de Oſ-
trow, Caſtellanus Cracovienſis, Johannes Liganza,
Lancicienſis, Mathias de Wantzoche, Calliſienſis
Palatini, Georgius alias Gedigolt, Conſiliarius Du-
cis Alexandri, alias Witowd, Capitaneus Podoliæ,
Johannes de Sczekoczini, Lublinenſis, Nicolaus
de Bloczifchow, Santocenſis Caſtellani, Joannes
Cracovienſis & Petrus Siradienſis, judices. Signifi-

camus tenore præfentium quibus expedit univerſis.
Quod habito & ſervato die conventionis , & termino placitorum per venerabiles in Chriſto Patres
Dominos Nicolaum Gnezneuſem & Nicolaum Ha-
licenſem, Archiepiſcopos, Chriſtinum de Oſtrow ,
Caſtellanum Cracovienſem , Johannem de Tarnow,
Cracovienſem , Nicolaum de Michalow , Sandomirienſem Palatinos , Michaelem de Bogumilowicze ,
Sandomirienſem, Johannem de Szekoczini , Lublinenſem Caſtellanos , Sbigneum de Brzeze , Marſ-
chalcum, regni Poloñiæ & Zaviſlium de Oleſchnicza,
Tribunum Lublinenſem , Conſiliarios & Ambaſito-
ęes Domini noſtri Vladiſlai , Regis Poloniæ , juxtà
feſtum Sancti-Martini , nobis in Schramoviecze , &
Prælatis ac Baronibus , Sereniſſimi Principis Domini
Sigiſmundi Regis Hungariæ , &c. In antiqua villis
juxtà tenorem litterarum per eoſdem Conſiliarios &
Ambaſitores Domini Vladiſlai, Regis Poloniæ , Domini noſtri gratioſiſſimi in Iglavia, alio nomine in Novavilla confectarum , cum Prælatis & Baronibus, videlicet Domino Ladizlao , Epiſcopo Timinienſi ,
nec non Eccleſiæ beatæ Mariæ Virginis in Czepuſs
gubernatore , Symone de Roſgon , judice Curiæ Domini Regis Hungariæ , Emerico de Pereni , ſecreto
Cancellario Domini Regis Hungariæ. Petro de Pereni , alias Comite ſeculorum Johanne de Roſgon ,
Stephano de Nana , Petro de Brizoviczs , Comite ,
Czepuſienſi , Matheuſch Paluz , Comite de Borſed ,
Caſtellano de Druzdzur , Johanne de Humenna ,
Stephano , filio Pauli de Szomoſch , Benedicto Czu-
der , & Johanne , filio Jacobi de Nadmihal , ad eandem conventionem per Sereniſſimum Principem Si-

gifmundum, Regem Hungariæ, miffis de fpeciali &
expreffo mandato Sereniffimi Principis Domini Vla-
diflai, Regis Poloniæ, Domini noftri gratiofiffimi ad
hunc finem devenimus, & hoc in eadem conventione conclufimus, primo & principaliter quod treugæ pacis per Sereniffimos Principes Dominos Sigifmundum Hungariæ, &c. Et Wladiflaum, Poloniæ
Reges, regnaque & Dominum Alexandrum, alias
Withowd & fubditos ac coadjutores ipforum firmiter inviolabiliterque ac Chriftianice à die datæ
præfentium ufque ad feftum Affumptionis beatæ
Mariæ Virginis, gloriofæ proximæ affuturum, debent teneri & fervari. Ita quod interim ipfis ftanti-
tibus ac firmiter obfervatis pro firmandâ pace per-
petuâ, prædicti Sereniffimi Principes & Domini Sigifmundus Hungariæ, & Vladiflaus, Poloniæ Reges,
ipfo die dominico carnis privii proximè affuturo,
quo in Ecclefiâ Dei, efto mihi decantatur, vel alia
die fi quam aptiorem eis invenerint ipfe Dominus
Sigifmundus, Rex Hungariæ & Kerfmarth, vel in
Lubowla, & Dominus Vladiflaus, Rex Poloniæ in
Sandecz debent conftitui, & ibi demum de perfonali conventione per ipfos facienda die & loco aptis
providere, ad quam utique quilibet ipforum regum
debet venire, nifi infirmitate aut aliquo alio legitimo
& notabili impedimento effet impeditus, quod uti-
que impedimentum fi occurrerit, unus alteri fignifi-
cando declarabit. Si autem, quod abfit, habitâ conventione, ut promittitur, perfonali, ipfi Domini
Sigifmundus Hungariæ & Vladiflaus Poloniæ Reges
perpetuam inter fe non fecerint unionem, ex tunc
ad feftum beatorum Philippi & Jacobi, Apoftolo-

rum proximè affuturum juxtà feriem litterarum in
Iglaviâ, alias in Novavillâ confectarum , Prælati &
Barones Domini Sigifmundi Regis Hungariæ in antiqua , & Prælati ac Barones Domini Wladiflai, Regis Poloniæ , in Schramovicze , ad idem faciendum
precisè & directè debent iterum convenire , & omnes difplicentias diffenfiones ac injuriarum materias ,
inter eofdem Dominos Sigifmundum Hungariæ &
Wladiflaum Poloniæ Reges , currentes & exortas per
modum concordiæ aut judicialiter feu rigoræ juftitiæ ,
prout litteris prædictis in Iglavia , feu in Novavillâ confectis difcribitur , decidere , rectificare ,
& complanare , quæ quidem litteræ per Prælatos &
Barones in Iglaviâ , alio nomine in Novavillâ pro per-
petuâ unione inter prædictos Dominos Sigifmundum
Hungariæ & Wladiflaum, Poloniæ Reges confectæ &
confcriptæ , non obftantibus iis infcriptionibus quas
ad conventiones per Dominos prædictos Sigifmundum Hungariæ & Wladiflaum , Poloniæ Reges habendas , & treugas quas ad feftum Affumptionis
Beatæ Mariæ proximè affuturum fervandas confici-
mus & facimus præfentibus in omnibus earum claufulis, articulis, punctis, diftinctionibus, conditionibus , & fententiis debent inviolabiliter obfervari &
teneri , ac etiam in fuo robore permanere , illo etiam
addito fpecialiter & expreffo , quod ipfe Dominus
nofter Wladiflaus, Rex Poloniæ, cruciferos de Pruf-
fiâ, per guerras & contentiones guerrarum notabiles
non invadet , non turbabit , fed juxtà tenores litterarum quarumcunque inter ipfum Dominum Wladiflaum, Regem Poloniæ, ejufque fratrem Dominum
Ducem Withowdum , ex una & ipfos cruciferos

ex altera parte, quomodolibet confectarum facta sua
cum ipsis disponet. Si autem ipse Dominus Wladislaus, Rex Poloniæ, Dominus noster gratiosus, eos,
quod Deus auferat per guerras manifestas ut præmittitur molestaret, contra inscriptiones proprias super
unione perpetuæ pacis, inter ipsum & eosdem cruciferos confectas, ex tunc Dominus Sigismundus, Rex
Hungariæ, ad servandas pacis, treugas quas à die
datæ præsentium ad prædictum Assumptionis Beatæ
Mariæ festum proxime affuturum statuimus & fecimus, non debet esse ad strictus seu ligatus. Si autem
ipsi cruciferi ex adverso inscriptiones ipsi Domino
Wladiflao, Regi Poloniæ, factas violarent, & eas
servare contemnerent, tunc ipse Dominus Sigismundus, Rex Hungariæ, &c. Debet recedere ab ipsis
cruciferis, & nulla penitus ipsis auxilia, subsidia &
consilia præstare tenebitur adversus Dominum nostrum Regem Poloniæ, & fratrem ipsius Dominum
Alexandrum alias Withowd, & ipsorum coadjutores in litterâ unionis contentos & conscriptos publi-
ca vel occulta. Promittimus insuper bona fide sine
dolo & fraude, quod præsentes litteras Dominus
Wladiflaus, Rex Poloniæ, prædictus Dominus noster gratiosissimus in omnibus eorum articulis, clau-
sulis & conditionibus tenebit & servabit, & litteris
suæ Majestatis, sigillo confirmabit quas in castro
Czornsteyn, ipso die Domini Epiphaniæ prædictis
Prælatis & Baronibus, cum quibus has inscriptiones
fecimus tradendas & dandas reponemus, eo etiam
non obmisso quod mercatores Hungariæ ad regnum
Poloniæ, juxtà tractatum & dispositionem in Iglaviâ alio nomine Novavillâ dicta habitam, cum eorum
mercibus liberam transeundi & redeundi ac facta

eorum disponendi habebunt facultatem. Harum quibus figilla noftra funt appenfa teftimonio litterarum. Datum in Schramowicze, feriâ quintâ ipfo die fefti fanctæ Elifabethæ, anno Domini millefimo quadringentefimo undecimo.

Nᵒ. IX.

Nos Wladiflaus, Dei gratiâ, Rex Poloniæ, nec non terrarum Cracoviæ, Sandomiriæ, Siradiæ, Lanciciæ, Cujaviæ, Lithurniæque, Princeps fupremus, Pomeraniæ, Ruffiæque, Dominus & hæres. Et Alexander alias Witawdus, Magnus Dux Lithuaniæ, &c. notum facimus quibus expedit univerfis. Altitudo divitiarum fapientiæ & fcientiæ, Dei cuncta difponens numero, pondere & menfura, qui etiam corda tenet regnum & illa, quæ voluerit fua voluntate deflectit, nos cum Sereniffimo Principi Domino Sigifmundo, Dei gratiâ Romanorum, Rege fratre noftro cariffimo, &c. Convenire difpofuit ut inter nos mutuis hinc inde tractatibus colloquiis & placitis, obfervatis & habitis, inter nos ab unâ & præfatum Dominum Sigifmundum Romanorum, &c. Regem fratrem noftrum cariffimum parte ab alterâ fuper omnibus odiis, difplicentiis, erroribus, rancoribus, difplicentiis, difcrepantiis, lefionibus, damnis, injuriis & offenfis, poft perpetua pacis, fœdera dudum in Liblio inita inter nos utrumque fubortis fufcitatis & occafione quacunque à quacunque parte tranfgreffis mutua caritas & rediviva fraternitas oriretur, omnium rancorum, odiorum & difplicentiarum, dif-

fenfionum, damnorum, injuriarum, offenfarum, &
difcrepantiarum, fpiritûs fanƈti nos gratiâ, dirigente
ammotis prorfus fomitibus & incentivis peremptis,
paxque perpetua & tranquillitas reſtaurentur, quia
non nifi pacis in tempore bene colitur auƈtor pacis.
Idcirco non per errorem aut improvidè fed animo
deliberato fano Prælatorum, Principum, Baronum
& Procerum noſtrorum fidelium accedente confilio
hujufmodi, pacem, unionem & fraternitatem ref-
tauravimus, reduximus, reſtauramus & reducimus
ad fraternæ caritatis priſtinæ perfeƈtionem, quæ per
quædam incommoda damnorum, injuriarum & offenfarum, prædiƈtarum fuerat aliquando tempore
intercepta, ita quod ad ea mala nunquam de cætero
fub fide & honore & pondere, præſtiti, juramenti,
inſtantibus feu obviantibus, fuggeſtionibus fufurriis,
& perfuafionibus quorumcunque quomodo libet re-
vertemur, nec eorum ullo unquam tempore nos &
hæredes, & fucceſſores noſtri inter nos in malo debemus nec volumus reminifci, ad animum revocare,
invocare vel movere, ex novis vel aliis quibufcunque
caufis & cafibus emergentibus in futurum, in quocunque ſtatu, vel dignitatis, aut Eminentia dirigente, Altiſſimo fuerimus fublimati, fed diƈtum
Dominum Romanorum & Hungariæ Regem, mutuis. favoribus & amoris vinculo profequi tenebi-
mur, ac fi nunquam inter nos & eum diffenfiones,
odia, damna, & injuriæ hujufmodi contigiffent,
ipfumque vera perfeƈtâ & chriſtianicâ, & indubitatâ
caritate compleƈti juxtà litteras, & infcriptiones inter nos in Liblio editas & fub fidei puritate & juramento firmatas. Infuper promittimus pro nobis, hæredibus & fucceſſoribus noſtris ac fub fide & honore

noſtris puriſſimis , pollicemur pro nobis terris & ſub-
ditis Regnorum noſtrorum , noſtris & ipſorum nominibus quod univerſas & ſingulas litteras inſcrip-
tiones privilegia , contractus, pactiones & munimenta
omnia inter nos , & dictum Dominum Sigiſmundum
Romanorum & Hungariæ Regem , fratrem noſtrum
cariſſimum & ejus ſubditos inita , concepta edita
facta & finita ſub quacunque formâ verborum ſeu tenore quocunque tempore , & in quibuſcunque locis
& præſertim litteras prædictas in Liblio juramento
firmatas , quas hic habere volumus pro inſertis , ſer-
vabimus , nec ratione & occaſione hujuſmodi odiorum , diſplicentiarum , injuriarum , damnorum , læ-
ſionum & perturbationum inter nos , & dictum fratrem noſtrum forte ſuadente ſeminatore zizaniæ ſuſ-
citatarum ullam inſtantiam , læſionem damnum præjudicium & jacturam quomodolibet faciemus , ſed
ſemper hujuſmodi concepta fraternitas , pacta fœdera & caritatis vinculum in ſolida , perfecta , continua & perpetua firmitate in eo ſtatu & vigore in
quibus a primævis eorum exordiis fuerant , debebunt inviolabiliter remanere & jugiter priorem effectum & efficaciam obtinere , eaſdem litteras privilegia & contractus præfatos innovantes , ratificantes ,
gratificantes , roborantes , & de certâ noſtrâ ſcientiâ
confirmantes. Et nos Albertus , Dei gratiâ , Epiſcopus Cracovienſis , Regni Poloniæ , Cancellarius ſupremus Semowithus junior , & Alexander eâdem
gratiâ , Duces Mazoviæ , Johannes de Tarnow Cracovienſis , Sandziwogius de Oſtrovog Poznanienſis ,
Nicolaus de Michalow Sandomirienſis , Mathias de
Labiſchin , Breſtenſis Palatini , Moſticius de Stan-
chow Poznanienſis , Dobeſlaus de Oleſchnicza Woy-

nicenfis, Florianus de Corithnicza Wyfsliciensis,
Johannes de Tolifchkow Califiensis, Martinus de
Rithwany Zavifchoftensis, Domaratus de Coby-
lany Becensis, Sbigneus de Altomonte Rofpergensis,
Johannes de Lanzencize Santhocensis, Johannes de
Lichin Srzeniensis Caftellani, Sbigneus de Brzeze,
Marfchalcus Regni Poloniæ; Georgius Gedigold,
Capitaneus Podoliæ; Nicolaus Sepensky, Confilia-
rius Magni Ducis Lithuaniæ; Zaniffius Niger de
Garbow, Capitaneus Cruchnicensis; Henricus de
Rogow, Vice-Thefaurarius regalis; Johannes Man-
fyk de Dambrowa, Pincerna regalis; Albertus
Mafsky Lanciciensis, Thomaffius Scheliga Siradien-
fis, Petrus de Pyfary, Reginalis fub Camerarii; Pau-
lus de Bifcupicze, Gladifer regalis; Johannes &
Spiko de Melftyn Domini, Dobrogofthius Swidwa
de Schamotuli, Staniflaus de Chodow, Venator
Lanciciensis; Petrus de Medwez, Incifor Regius;
Johannes Nofs de Dobrkow, Laurentius Zaramba,
Marfchalcus Curiæ regalis; Sbigneus de Lapanow,
Camerarius Cracoviensis; Petrus de Curow Thom-
ko, Kalsky; Johannes Glowacz de Olefchnicza,
Nicolaus de Powala de Taczowo, Nicolaus de
Chranftow, Iwo de Wywla, bona fide & chriftia-
nicâ noftris & fratrum regnicolarumque univerforum
vice & nominibus affumimus & pollicemur, quod
omnia & fingula fuperius fcripta & expreffa Dominus Wladiflaus, Rex & Dux attendent, nofque attendemus & fervabimus fuamque ferenitatem inconcuffè obfervandum inducemus dolo & fraude in omnibus & fingulis præmiffis proculmotis. Præfentium
fub noftræ Majeftatis & noftri Alexandri alias Wi-

taurdi , ac etiam Prælatorum , Principum & Baronum , prædictorum sigillorum testimonium litterarum. Datum in oppido Kesmark , Strigoniensis Diocesis, anno Domini 1423 , feriâ tertiâ post Dominicam Ramis palmarum.

Cum quadraginta duobus sigillis magnatum Poloniæ.

N°. X.

WLADISLAUS tertius , Dei gratiâ , Rex Poloniæ , nec non terrarum Cracoviæ, Sandomiriæ, Syradiæ , Lanciciæ , Cujaviæ , Lithuaniæ , Princeps supremus Pomeraniæ, Russiæque Dominus & hæres , &c. Ad perpetuam rei memoriam. Ad populorum regimen & tutelam salutemque animarum , & potissimum fidei sanctæ defensionem & augmentum constitutas esse in orbe terrarum , ab eo per quem Reges regnant & Principes imperant , dominantium & regum potestates divini juris autoritas & humani liquido declarat & ostendit. Caruisset profectò humana conditio jugo dominii, nec libertatem à se quamvis eis natura donaverat homines abdicassent , nisi quod impunita licentia scelerum in evidentem humani generis perniciem redundabat , & sic ex necessitate quadam oportuit naturam subesse justitiæ , & servire justitiæ libertatem, sicque non ob hoc solum Dominos subditis divina sententia præfecit , ut eis imperando præessent , sed ut ipsis quo totius Reipublicæ salutis vigeret integritas , pacis & justitiæ copiam miniſtrando prodeſſent. Verum cum illi ſummo omnium Principi Deo & Salvatori noſtro, qui omnem regit mundum, nihil eſt quod fieret in terris acceptius quam ſalus animarum qui etiam de ſecreto patris, pro operanda omnium ſalute deſcendens in terris viſus eſt & mortem ſubiit temporalem. Profecto qui onus quod conducere ad ſalutem hominum non ambigitur ſubire & ſuſcipere refugit ſummi Regis dilectionem oſtendit ſe non habere. Quam ob rem cum poſtquam per obitum divæ memoriæ Sereniſſimi Principis Domini Alberti, Romanorum & Hungariæ Regis, regnum ipſum Hungariæ, ſuo deſtitutum fuiſſet rectore regni ejuſdem Prælati, Principes, Comites, Barones ac Proceres Communitates, quatenus & ſibi, & regni ſui ſtatui ſalubriter proſpicerent ſolemnes ipſorum Ambaſſiatores & nuntios regni ejuſdem, Prælatos & Barones, inſignes & magnificos videlicet Reverendum in Chriſto Patrem Dominum Johannem Segnienſem, Epiſcopum, Gubernatorem Abbatiæ de Sancto Gothardo, Mathkonem de Talloncz, regnorum Dalmatiæ & Croatiæ, ac totius Sclavoniæ Banum ; Johannem de Peren, Magiſtrum Thavarnicorum regalium ; Ladiſlaum de Paloncz, Magiſtrum Curiæ regalis ; Emericum de Marczali, Magiſtrum Dapiferorum regalium, & Comitem Simigienſem, mandato & auctoritate totius regni prædicti falcitos ad præſentiam noſtram in civitatem Cracovienſem tranſmittendos ſtatuiſſent, qui in ibi conſtituti, poſt exactam & quam tantæ rei pondus poſtulabat deliberationem, nos deſiderio unanimi & voto concordi in ſuum Dominum & Regem regni Hungariæ præfati, nominaverunt & elege-

runt, nofque fubfequenter magnâ cum inftantiâ fum-
moque defiderio precati funt , quatenus regni illius
populorumque ·& dominiorum ejufdem regimen &
gubernacula fufciperemus , arbitrati , quemadmodum ex ipforum votis fatis collegimus, id ipfum pro
bono & falute horum decorum Hungariæ & Poloniæ
regnorum, proque ipforum & Catholicæ fidei defenfione & incremento plurimum expedire. Nos
itaque Wladiflaus , Rex prænominatus auditis eorumdem hujufmodis defideriis & ipfis attentiore confilio noftrorum Prælatorum & Baronum examinatis,
& fi dono Altiffimi regni noftri Poloniæ prædicti
ampliffima dominia nobis ad dominandum , ad plenum fufficiant, ne tamen videremur & divinæ volun-
tati contrariæ & falutem pópuli chriftiani negligere,
de confilio Prælatorum , Principum & Baronum , noftrorum confiderato maxime qualiter prædicta regna
fibi confinantia & barbaris nationibus finitima funt
murus & clypeus fidelium pro hofiore nominis divini & defenfione fidei Catholicæ, fi quod forte om-
nipotens Deus , ex unione horum regnorum pro incremento ipfius fidei operari & efficere dignabitur
quod fperamus, confifi de mifericordiâ ipfius , defideriis præfatorum dominorum annuimus nominationi
feu electioni ipforum prædictæ de perfonâ noftrâ fac-
tæ confenfum præbuimus & harum ferie confenti-
mus & annuimus. Utque cunctis innotefcat nos ad
eam rem cupiditatis ardore nec ambitionis amore fed
eâ quam præmifimus animi finceritate attractos effe
pro bono ftatu ejufdem regni conditiones & modos
infrà fcriptos, quos prænominati oratores regni Hungariæ prædicti per nos admittere & manu tenere ar-

dentius defiderarum de merâ noftrâ liberalitate grato effectu admifimus , & tenore præfentium ipforum integrè & inviolabiliter fervare & manu tenere pollicemur & fpondemus. In primis itaque promittimus & pollicemur , quod poftquam nos Deo favente regni prædicti Hungariæ diadema feliciter fufceperimus in ipfâ coronatione noftrâ omnia jura , libertates & bonas confuetudines regni ipfius ufque ad præfens tempus , tentas & obfervatas juramento & litteris noftris regalibus confirmabimus. Decreta quoque divorum ejufdem regni regum & prædecefforum noftrorum ac etiam omnes libertates , ac jura Ecclefiarum & Monafteriorum regni prædicti inviolabiliter & inconcufsè fervare ac ecclefias prædictas & bona ipfarum ab omnibus injuriis defendere & tueri promittimus. Similiter omnes donationes tam Ecclefiafticis quam fæcularibus perfonis vigorofas , & legitimè , & fignanter per Sereniffimam Principem Dominam Elifabeth , ejufdem regni Reginam modernam factas tenebimus ac teneri , atque obfervari faciemus. Item promittimus atque pollicemur, quod regnum prædictum Hungariæ , & fubditos ejufdem contrà & adverfus quoflibet inimicos ejufdem tam Turcos, quam quoflibet alios , ubicunque pofitos & occurrentes copiis regni Poloniæ prædicti , & dominiorum fuorum fideliter juxtà poffe fublevabimus, tuebimur & juvabimus , & reciprocomodo, ipfi regno Poloniæ, promittimus regnum ipfum Poloniæ, & fubditos eum potentiis regni Hungariæ contrà Tartaros , & quoflibet ipfius inimicos pari paffu modo & viciffitudine fideliter tueri & adjuvare. Promittimus etiam & fpondemus quod omni diligentiâ folli-

citudine & operâ noftrâ , quantum in nobis fuerit
niti & laborare volumus pro recuperandis omnibus
juribus & pertinentiis regni Hungariæ , prætacti à
quibufcunque occupatis. Eo etiam fignanter expreffo
quod terræ Ruffiæ & Podoliæ remaneant in pacificâ
poffeffione ficut hactenùs fuerunt , regni Poloniæ ,
fine prejudicio Hungariæ & Poloniæ regnorum prædictorum , quoufque inter Prælatos & Barones ,
utriufque regni & quanto præfato Domino Regi videbitur, celebrari poterit conventio pro declaratione
juris & tituli terrarum prædictarum , cui regno com-
petant , hoc etiam fpecialiter adjecto , quod quoad
articulum terræ Moldaviæ remaneat pronunc in ftatu
in quo eft , & adveniente tempore quo Domino
Regi videbitur de confilio Prælatorum & Baronum utriufque regni , fiat fecundum quod in antiquis litteris defuper confectis continetur. Præterea
ut noftra in iis fincera intentio appareat , & ut quod
verbo de juribus recuperandis & pertinentiis regni
Hungariæ , dicimus & promittimus effectu ipfo rei
comprobetur , deturque intelligi , quanto affectu in-
crementum regni ejufdem cupiamus , caftrum Lublio
in terrâ fcepufienfi cum omnibus civitatibus oppidis
villis quæ titulo pignoris ufque ad præfens tempus
ratione regni noftri Poloniæ , pacifice poffedimus &
tenuimus atque tenemus , promittimus & pollicemur de noftrâ merâ liberalitate ftatim poftquam cele-
britas coronationis præmiffæ feliciter facta fuerit &
confumata reintegrare & liberæ reftituere regno Hungariæ , abfque quavis pecuniarum prædictarum in
quibus pignori obligata fuerunt , exactione litteraf-
que quafcunque fuperinde confectas mox poft dictam

Coronationem

coronationem reftituemus. Promittimus infuper &
pollicemur rebellibus & infidelibus regno Hungariæ,
prædicto omnibufque & fingulis extrà fines regni ipfius ob eorum de merita pulfis & relegatis gratiam
redeundi & refumendi in regnum ipfum non faciemus, abfque confilio Prælatorum & Baronum regni
prædicti pro ut hoc habet & obtinuit regni ejufdem
antiqua confuetudo pro confervanda, quoque pace
& quiete regni Hungariæ præmemorati & fubditorum ejus promittimus & fpondemus Sereniffimam
Principem Dominam Barbaram, Imperatricem Romanorum, in regnum Hungariæ, feu intra limites &
pertinentias regni ejufdem non intromittere nec in-
duci facere, fed nec aliter quodmodolibet introduc-
tam in regno eodem abfque voluntate & confenfu
Prælatorum & Baronum omnium regni prædicti con-
foveri, quæ quidem, fi quid caufæ contrà quamcunque perfonam regni ipfius habeat habuerit ve in futurum, & de eadem agere & experiri voluerit, per
procuratorem fuum legitimum id profequatur. Et
nos cum Prælatis & Baronibus regni, prædicti eidem
juftitiam plenam & expeditam miniftrabimus & mi-
niftrari faciemus. Licebit tamen nobis fecundum re-
galem munificentiam præfatæ Sereniffimæ Dominæ
Imperatrici, extrà fines regni Hungariæ, fupradicti
pro ftatu ejufdem providentiam facere juxtà placitum
noftræ voluntatis. Præterea cum relicta Margaretha,
quondam Johannis de Gara, propter quofdam noto-
rios exceffus fuos per judicium quondam Sereniffimorum Dominorum Sigifmundi Romanorum, Imperatoris, quam etiam Alberti, Hungariæ Regis, de
confilio Prælatorum & Baronum, ejufdem regni in

capite & in bonis condemnata dicatur, & propterea
ufque in præfens in carceribus teneatur, promittimus
judicium prædictum ratum & gratum habere, nec
aliquos feu aliquem occafione hujufmodi moleftari
vel ab aliis impeti feu moleftari permittere. Licebit
tamen nobis eam propriæ libertati donare, & extrà
fines regni emittere. In cujus robur & teftimonium
præfentes litteras figillo Majeftatis noftræ communiri mandavimus. Actum & datum in civitate noftrâ
Cracovienfi, octavâ die menfis Martii anno Domini
millefimo quadringentefimo quadragefimo. Per manus Magnificorum Johannis de Conneczpole, Can-
cellarii regni Poloniæ, fincere dilectorum. Nos autem Prælati & Barones, atque Proceres regni Poloniæ, pro fuprafcripto Sereniffimo Principe Domino
Rege noftro, promittimus atque pollicemur, quod
præfatus Dominus Rex nofter, hæc omnia fupra-
fcripta fervabit, tenebit faciet atque attendet fingula
quæ indictis litteris continentur. In cujus teftimonium figilla noftra ipfis litteris appendi fecimus in
robur & fidem ampliorem. Datum ut fuprà.

    Sigilla quorum præter Regium, viginti
       magnatum appenfa fuere, planè avulfa
       funt, fuperftitibus duntaxat aliquot
       peffulis membranaceis.

N°. XI.

*Acta pacificationis , Bithomienfis & Bendzi-
nenfis.*

Nos infrà fcripti facratiffimi atque invictiffimi Romanorum , Imperatoris Rudolphi fecundi , nec non
Hungariæ , Bohemiæque Regis , Archiducis Auftriæ , &c. Domini noftri Clementiffimi Univerfæ-
que Sereniffimæ domûs Auftriacæ, regnorumque Cæfareæ Majeftatis Hungariæ , Bohemiæ , cæterarumque Provinciarum deputati Commiffarii, Guillelmus
Urfinus à Rofenberg, domûs Rofenbergicæ , Guber-
nator, eques aurei velleris , facræ Cæfareæ Majeftatis intimus Confiliarius & fupremus regni Bohemiæ
Burgravius ; Petrus Epifcopus Jaurienfis , regni
Hungariæ Cancellarius; Chriftophorus Poppl , Baro
in Lobkowitz & Tachaw , facræ Cæfareæ Majeftatis , Camerarius & fupremus regni Bohemiæ Came-
ræ præfectus ; Richardus Strein , Baro in Schvartzenau , & Tirnftain , Staniflaus , Epifcopus Olomu-
cenfis , Princeps Regalis , Capellæ Bohemiæ ; Comes Zaifridus à Promnitz , Baro in Plefforau & Tri-
bel ; Nicolaus Iftwanfi de Kizazgon , falva officii
Palatinatus, R. Hungariæ, locum tenens Capitaneus
Sopronienfis ; Johannes Kobentz , Baro in Proffedk,
Ordinis Teutonici Commendator, ex unâ parte. Ex
alterâ vero nos Sereniffimi Principis & Domini Domini Sigifmundi III , Regis Poloniæ , Magni Ducis
Lithuaniæ , Ruffiæ , Pruffiæ , Mazoviæ , Samogitiæ,

Livoniæ , &c. Nec non commemorati regni magni
Ducatûs Lithuaniæ , cæterarum ditionum ejus nomine itidem deputati Commissarii Hyeronimus Comes in Rozdrazen & Bombzdorf, Dei gratiâ , Episcopus Vladiflaviensis & Pomeraniæ, Janussius, Dux
Oftrogiæ & Palatinus Volhyniæ ; Staniflaus Goi-
domski de Pezoncze , Palatinus Ravensis , Capitaneus Radomiensis ; Chriftophorus Zienovicz , Palatinus Brezianensis ac Ciecierensis & Peropensiensis ,
Capitaneus ; Andreas Cpalenski de Buin , regni
Poloniæ fupremus Marfchalcus & Majoris Poloniæ
generalis , & Lezaycensis , Srzemensisque Capitaneus ; Johannes Zamoïsky de Zamoifcie , regni Poloniæ , fupremus Cancellarius ac exercituum generalis & Belzensis, Marieburgensis, Derpatensis, Knyf-
zinensis , Grodecensis , Miedcircensis , Javorovien-
fisque Capitaneus. Significamus præfentibus hifce
hujus & futuri temporis universis & finguli. Cum
Sanctissimo Domino noftro Sixto V , fummo Pontifice Paftoralis muneris memore , atque ingenitæ pietatis charitatisque ftudio in univerfæ Chriftianæ
Reipublicæ , bonum ac quietem propenfissimo majo-
rumque fuorum ac decefforum fummorum Pontifi-
cum exemplis per moto , per Legatum fuum de latere , Illuftrissimum ac Reverendissimum Dominum
Hyppolitum , facræ Romanæ Ecclefiæ presbyterum
Cardinalem Aldobrandinum, & fummum Pœniten-
tiarum enixa, & fummâ diligentiâ id curante , deque
amicitiâ & pace diligentissime Principes noftros ,
appellante ad controverfias & diffensiones quæ inter
Principes noftros , ditionefque eorum nuper exortæ
fuerant componendas , plenâ & omnium rerum liberâ cum facultate à principibus noftris ordinibuf-

que regnorum & dominiorum eorum eam generaliter
tum fpecialiter , & nominatim in eam rem nobis
data , commemoratas omnes controverfias , &
quafcunque omninò tandem tranfegiffe, compofuiffe
& fuftuliffe. Et fi enim quemadmodum in omnibus
controverfiis accidere folet , non deceffent quæ in
utramque partem diu ancipites , dubiosque nos te-
nerent, cum tamen & incommoda diffenfionum , quæ
cum privatim fingulis tum publicè regnis nationibus-
que univerfis importare folent & pacis , commoda
diligentius nobifcum expendiffemus, acceffiffet verò
eodem S. D. N. autoritas, Legati autem ipfius de
latere Illuftriffimi & Reverendiffimi Domini Cardinalis Aldobrandini , fummum atque indefeffum in
concordiâ hac procurandâ ftudium cum fummâ prudentiâ & æquitate conjunctum iis , quæ fuprà de-
monftratæ funt , caufis adducti , de omnibus tam
controverfiis diffenfionibufque , quam caufis earum
hifce quæ fequuntur conditionibus , compofuimus ,
tranfegimufque ; in primis cum quemadmodum fuprà
oftenfum eft, ut in pace omnia florent , ità non modo nullum malum tantum effe poffit , quod à bello
abfit , fed ne autor quidem ut aliorum bonorum ità
etiam pacis Deus , non nifi in pace pie rectèque
coli poffit , cum ob publicam Reipublicæ chriftianæ
falutem , tum in primis nominis Divini gloriam convenit, ftatutumque inter nos eft ut non folum fuperioris temporis offenfiones , fufpicionesque , & caufæ offenfionum omnes inter Principes noftros, ditionesque
& homines earum univerfos & fingulos in perpetuum
abolitæ & fublatæ fint. Verum firma etiam fincera &
conftans pax atque amicitia perpetuis temporibus in

posterum inter eosdem colatur observeturque. Cujus
quidem rei eo justiores causas Principes nostros habere arbitrati sumus , quod non solum ditiones , &
populi utriusque multis iisque antiquissimis fœderum cognationis , & aliarum necessitudinum vinculis
ad stricti semper inter se fuerint , sed Principes etiam
ipsi , ut quorum utrinque genus , è Jagellonum stirpe
promanat , propinquâ sanguinis conjunctione devincti
inter se sint , ut non minor in mutuo amore pietatis ,
quam in Republica christianâ , communis salutis ratio habenda illis sit , cum hujusmodi necessitudo ea
sit , ut non solum superiores omnes offensiones abo-
lere debeat verum sine vituperatione nullam offensio-
nem inter tam conjunctos Principes admittere possit.
Condonabunt igitur utrinque tam Cæsarea nimirum
Majestas Serenissimaque domûs Austriaca , quam Serenissimus Poloniæ Rex , quæ superiore anno inter
ipsos & ditiones eorum quomodo cunque intercesserunt , primum publicæ universæ christianitatis tranquillitati , deinde non minùs mutuæ etiam necessitu-
dini , ac sanguinis conjunctioni maximè autem Domini nostri summi Pontificis autoritati. Cum autem
omnis hæc superioris temporis dissensio ex nominatione, juribus & institutis regni Poloniæ minus con-
sentaneâ Serenissimi Principis & Domini Domini
Maximiliani , Dei gratiâ , Archiducis Austriæ , Ducis Burgundiæ , &c. In primis Comitiis electionis
Varsoviæ habitis à quibusdam interposita promanarit,
cum iis , quæ suprà commeroratæ sunt tum aliis cau-
sis , ad Reipublicæ christianæ salutem & tranquillitatem pertinentibus convenit , conclusumque inter
nos est , ut quo & præterita dissensio & futura causa

materiaque omnis tollatur , commemorato titulo &
jure quodcunque modo pervenisse ad se inde arbitratus fuit , idem Sereniſſimus Archidux Maximilianus ,
cum alias memoratas ob cauſas , tum ob communis
Reipublicæ chriſtianæ , ut oſtenſum eſt quietem &
incolumitatem abſtineat , & nunquam in poſterum
utatur. Præter eum vero Cæſarea Majeſtas , etiam
Sereniſſimi que cæteri Archiduces , nullam unquam
controverſiam vel hac , vel aliâ quâcunque cauſâ colore ſeu pretextu , vel Sereniſſimo Principi ac Domino Domino Sigiſmundo tertio , præſenti Regi Poloniæ , vel etiamſi , (quod Deus avertat) morte
ejus regnum vacare contingeret , eidem regno eundem Sereniſſimum Archiducem Maximilianum , vel
quemcumque alium quocunque tempore , per ſe vel
per alios relaturum aut ſuſcitaturum , neque id facienti conſilium , auxilium tranſitum ſeu favorem
quemcumque in eam rem ſe præbituros , præſtituros
que ſpondeant ac promittant ; neque vero in ullam
ejuſdem Sereniſſimi Archiducis injuriam , vel contu-
meliam accipere , aut quiſquam interpretari id debebit. Quemadmodum enim & ea familia ſerenitatem
ſuam ortam , & ea ipſa etiam virtute eſſe , ordines
regni Poloniæ libenter agnoſcunt , ut quocunque am-
pliſſimo regno dignam eam judicent , neque generis
dignitate & virtutis laude ullo ſecundam eam habeant,
ità viciſſim ſerenitatem quoque ſuam præ prudentiâ
ſua cogitare non dubitant , primùm regna non ſolum
ex dignitate cujuſque ſed in primis etiam divinâ voluntate deferri , ideoque magis hanc quam judicia hominum ſibi defuiſſe , deinde acquiore eo etiam animo
id laturam , quòd ad illum delatum regnum videat ,

qui & ferenitatem fuam tam propinquâ fanguinis
conjunctione attingat, ex familiâ autem Jagellonicâ,
optimè de regno Poloniæ meritâ, qui fummâ cum
laude regno huic præfuerit non folum avos & proa-
vos fed nuper etiam avunculum Dominum Sigifmundum Auguftum, Regem habuerit. Quam ob caufam
& fi libera Nobilitatis fuffragia, nulli fucceffioni ad
ftricta fint quod nihilominus ex familiâ Jagellonicâ
electus Rex fit pro fuâ cum eadem familiâ neceffitu-
dine tanto acquius feret, neque de priftinâ amicitiâ
quæ inter Sereniffimam Domum Auftriacam, & regnum Poloniæ Magnum Ducatum Lithuaniæ, cæterafque ditiones eis conjunctas ordinéfque & homines earum femper fuit quicquam vel ferenitas ejus,
vel Sereniffima domûs ipfius ob id remittet: maximè
verò, fi (quod diutiffimè Deus fuftinere velit) regnum iterum vacare contingat in libertate electionis
commemoratos ordines nullo modo impediet, neque vel armis, ac vi vel largitionibus feu factioni-
bus quicquam contrà eandem libertatem faciet aut
fufcipiet dolo ac fraude omni remotis. De Lubovlia
deindè hunc in modum convenit. In primis, ut caftrum, id cum oppidis villifque ad id pertinentibus
quemadmodum in juffu Cæfareæ Majeftatis, ac præter voluntatem ejus occupatum eft, ità in priftinum
ufum & poffeffionem regni Poloniæ, quemadmodum à tot fæculis quiete ac fine ullâ contro-
verfiâ id in eâ poffeffione atque non fuit, iterum
tradatur confignetur que fuppellex item reliquumque
inftrumentum omne maxime autem torménta tam
minora quam majora omnia, quæ in caftro eo, eum
occuparetur, exftiterunt, bona fide reftituantur,

unaque cum ipfo caftro tradantur. Ad poffeffionem autem eam accipiendam , utriufque partis confenfu dies vigefimus primus menfis Julii præfinitus , & acceptus eft ad quem Regia Majeftas Poloniæ, qui eam poftulent & accipiant, homines fuos mittet, ii vero qui in arce erunt fine ullâ morâ quemadmodum fuprà convenit cum omni fuppellectile & inftrumento quod ante in eo fuit vacuam poffeffionem ejus tradere debebunt. Cumque ut non folum diffenfiones & controverfiæ omnes fopiantur , verum priftina etiam amicitia atque benevolentia utrinque reftituatur , actum inter nos fuerit ut pacta & fœdera, quæ ab aliquot fæculis utriufque regnis & ditionibus interceffe-runt, eâ formâ , quæ ex utriufque noftrum confilio & fententiâ fcripto comprehenfa jam eft , ab utriuf-que principibus & eorumdem ordinibus iterum renoventur confirmenturque placuit , convenitque. Quibus quidem rebus cum priftina amicitia atque benevolentia integrè conciliata , reftituta , reinte-grata utrinque effe debeat , promittimus pro eo fpondemufque. Nos quidem fuprà fcripti Cæfareæ Majeftatis , & univerfæ domûs Auftriacæ, Commif-farii cum commemoratæ Cæfareæ Majeftatis , cæte-rorumque Sereniffimorum Auftriacorum Principum omnium, tum maximè Sereniffimi Maximiliani Archiducis nomine , nullam fuperiorum diffenfionum offen-fionem Majeftatem ferenitatesque fuas retenturas, eandem nullo unquam tempore renovaturas , conftantem autem poft hac & finceram cum Regiâ Majeftate Poloniæ , ordinibufque amicitiam & benevolentiam confervaturas , neque vi aut armis, vel per fe , vel per fub miffas perfonas , quocunque tempore vel

quacunque ex caufâ colore feu prætextu regnum Poloniæ , Magnum Ducatum Lithuaniæ , Ruffiam ,
Pruffiam , Mazoviam , Samogitiam , Livoniam , cæterafque arces , ditiones vel oppida villas homines ve
Sereniffimi Poloniæ Regis , aut propinquorum , fociorum vel adhærentium ipfius infeftaturas vim aut
injuriam ullam illaturas , factiones aut partes ullas
contrà eafdem & in iifdem foturas alturas ve , ab
iifdem profcriptos aut exules recepturas habituras
ve , neque aliis id facientibus ullum confilium auxilium tranfitum aut quemcunque denique favorem
accomodaturas verum omnia quæ tranfactione hâc ,
pactis perpetuis ac fœdere comprehenduntur , dili-
gentiffimè obfervaturas. Similiter verò nos Sereniffimi Poloniæ Regis fuprà fcripti Commiffarii , ejufdem Majeftatis fuæ , ordinumque ejus nomine vicif-
fim recipimus , promittimus , fpondemufque nullo
unquam tempore eorum quæ ante quocunque modo
interceſſerunt , offenfionem Sereniffimum Poloniæ
Regem aut ordines retenturos , eandem per quamcunque occafionem renovaturos fed conftantem poft
hac & finceram cum Cæfareâ Majeftate univerfaque
Sereniffima domo Auftriacâ , in eâque Sereniffimo
etiam Archiduce Maximiliano , regnifque ditionibus
& ordinibus eorumdem amicitiam & benevolentiam
confervaturos , neque ipfam Majeftatem fuam ordinefque feu homines ejus , quofcunque vi aut armis
vel per fe , vel per fub miffas perfonas , quocunque
tempore vel quacunque ex caufâ colore feu prætextu
regna Hungariæ , vel Bohemiæ , Auftriam , Moraviam , Silefiam , vel quæcunque alia commemoratorum Sereniffimorum Principum , dominia ditiones

arces, vel oppida villas, vel homines aut propinquorum fociorum, vel adhærentium ipforum infeftaturos
vim aut injuriam ullam iifdem allaturos, factiones feu
partes ullas contrà eofdem & in iifdem foturos altu-
ros ve, ab iifdem profcriptos aut exules recepturos
habituros ve, neque aliis id facientibus ullum confilium, auxilium, tranfitum, aut quemcunque denique
favorem accommodaturos, fed omnia quæ tranfactione hâc pactis perpetuis ac fœdere comprehenduntur, venit tranfactumque inter nos eft ut Sereniffimus
Poloniæ Rex, legatum fuum ad Cæfaream Majeftatem cæterofque Sereniffimos Archiduces, intrà diem
vigefimum menfis Aprilis, in aulam Cæfareæ Majeftatis prior mittat. Qui quidem in primis ut Cæfarea Majeftas offenfiones omnes quæ fuperiore anno
inter Cæfaream Majeftatem fuam, ejufque inclytam
domum Auftriacam & inclytum Poloniæ regnum,
quomodocunque utrinque intercefferunt publicæ
tranquillitati & paci, tum fanctiffimi Domini noftri
autoritati condonnet rogabit Sereniffimeque Regis
nomine fui paratam Majeftatem fuam Regi ameffe of-
feret quæ in tranfactione continentur, convenerint
que fingula confirmare & præftare. Cæfarea Majeftas in ejufdem S. D. N. gratiam & publicæ chrif-
tianitatis falutis caufâ paci hujufmodi & petitioni
annuet, deinde vero ipfa quoque intra diem decimum quintum menfis Maii, fimiliter legatum fuum
ad Sereniffimum Poloniæ Regem mittet, per quem
gratam fibi legationem ejus fuiffe, & quæ ex oratore
ejus intellexerit reliqua oftendet & fi quæ facræ Majeftati Cæfareæ in benevolentiæ atque amicitiæ teftimonium videbuntur alia. Eodem deinde legato præ-

fente primùm Sereniſſimus Rex Poloniæ , ſequente
formâ juramentum præſtabit.

Ego Sigiſmundus III , Dei gratiâ , Rex Poloniæ,
Magnus Dux Lithuaniæ , Ruſſiæ , Pruſſiæ , &c. Juro
ſpondeo promitto que coram Deo per hæc ſancta
ejus Evangelia , quod omnia ea , quæ S. D. N. Le-
gatique ejus de latere Reverendiſſimi Cardinalis Aldobrandini , interventu inter Commiſſarios meos ex
unâ & Cæfareæ Majeſtati univerſæque domûs Auftriacæ , parte ex alterâ , Bithoniæ & Bendzini congregatos convenerunt in omnibus eorum punctis &
clauſulis firmiter inviolabiliterque obſervabo , iiſdem-
que ſatisfaciam pro eoque cum Cæfarea Majeſtate
Sereniſſimis fratribus & patruis ejus univerſâque Sereniſſimâ domo Auſtriacâ , regnis , ditionibus & hominibus eorumdem juxtà eandem tranſactionem pacta
perpetua & fœdus pacem amicitiam que perpetuo
conſtanter que colam. Sit me Deus adjuvet & ſancta
Dei Evangelia.

Secundum Regiam deinde Majeſtatem ejus ordines regni Poloniæ , Magni Ducatus Lithuaniæ , Ruſſiæ , Pruſſiæ , Mazoviæ , &c. Seu omnium ordinum
nomine proceres ad hoc in Comitiis nominati & ſuf-
ficiente in eam rem mandato inſtructi ſequentibus
itidem verbis jurabunt.

Nos juramus N. N. ſpondemusque coram Deo
omnium regni noſtri ordinum nomine , quod omnia
ea quæ inter Cæfareæ Majeſtatis, cæterorumque Sereniſſimorum Principum Auſtriacorum , &c. Commiſſarios ex unâ & Sereniſſimi Principis & Domini
Domini Sigiſmundi tertii , Regis Poloniæ , Magni
Ducis Lithuaniæ , Ruſſiæ , Pruſſiæ , parte ex alterâ ,

ordinumque regnorum & dominiorum , utriufque
partis Bithomiæ & Bendzini congregatos convenerunt , firmiter inviolabiliterque obfervabimus ordinefque univerfi in perpetuum obfervabunt, Sereniſ-
fimis Principibus noftris ut obfervent , autores femper erimus , neque , ut aliter fiat affenfum confilium
aut auxilium noftrum unquam præftabimus fed eandem tranfactionem & pacta omnibus viribus tuebimur ordinefque univerfi perpetuis temporibus tue-
buntur. Sic nos Deus adjuvet & hæc fancta ejus
Evangelia.

Quæ cum ad eum modum perfecta fuerint mittet
deindè intrà diem decimum quintum menfis Junii ad
Cæfaream Majeftatem , cæterofque Sereniſſimos Archiduces, in aulâ Majeftatis fuæ, aut per fe., aut per
Legatos fuos exiftentes alterum Legatum fuum Sereniſſimus Poloniæ Rex , qui in primis tranfactionem
hanc tum juramenta tam ejufdem Sereniffimi Regis ,
quam ordinum fuprà commemoratorum ab ipfo Sereniſſimo Rege Poloniæ , ordinibufque regni Poloniæ, Magni Ducatus Lithuaniæ, Ruſſiæ, Pruſſiæ,
Mazoviæ , &c. Subfcripta figillis que eorumdem
munita, Cæfareæ Majeftati tradet, atque tranfactionem hanc ipfa quoque & cæteri Sereniffimi Archiduces patrui, & fratres Majeftatis fuæ fimiliter confirment confirmatam que fubfcriptionibus & figillis
cum fuis feu ordinum , feu omnium ordinum nomine procerum edant , juramentum autem in eandem
cum Cæfarea Majeftas , tum ordines regnorum ditionumque ejus fimiliter præftent juramentaque eadem , Cæfareum, à Cæfarea Majeftate & ordinibus
ordinum autem ab ipfis proceribus fubfcripta & fi-
gnata fibi tradantur poftulabit. Quâ legatione expo-

sitâ Cæsarea Majeftas, eodem legato præsentem hæc itidem verba juramentum præftabit.

RUDOLPHUS II, Dei gratiâ, Electus Romanorum Imperator, femper Auguftus juro fpondeo ac promitto, coram Deo per hæc fancta ejus Evangelia quod omnia ea quæ fanctiffimi Domini noftri, &c. Et Legati ejus à latere Cardinalis Aldobrandini interventu inter Commiffarios meos, cæterorumque Sereniffimorum Principum patruorum, ac fratrum meorum ex unâ, & Sereniffimi Principis Domini Sigifmundi III, Regis Poloniæ, Magni Ducis Lithuaniæ, &c. Parte ex alterâ Bithoniæ & Bendzini congregatos convenerunt, in omnibus eorum punctis & claufulis firmiter inviolabiliterque obfervabo, iifque fatisfaciam, pacem, & amicitiam cum eodem Sereniffimo Principe regnoque Poloniæ, Magno Ducatu Lithuaniæ, cæterisque conjunctis provinciis & ditionibus juxtà eandem tranfactionem, pacta perpetua ac fœdus perpetuo conftanterque colam. Sic me Deus adjuvet, & fancta ejus Evangelia.

Eodem deinde modo regnorum ditionumque Cæfareæ Majeftatis, Hungariæ, Bohemiæ, Auftriæ, Moraviæ, Silefiæ, &c. Ordines feu omnium ordinum nomine proceres ad id nominati & fufficienti in eam rem mandato inftructi iifdem verbis & formâ quæ fuprà Polonicis ordinibus præfcripta eft, eodem itidem Legato præfente juramentum præftabunt juramentaque & tranfactio hæc ità, quemadmodum fuprà oftenfum eft à Cæfareâ Majeftate Sereniffimis Archiducibus patruis & fratribus Cæfareæ Majeftatis, ordinibusque regnorum & ditionum Cæfareæ Majeftatis fuprà fcripta & confirmata, commemorato Regiæ Majeftatis Poloniæ oratori tradentur.

Idem vero Legatus pactorum , quoque secundum eam formulam |quæ ex communi consilio ac sententia scripto à nobis comprehensa est , confirmationem simul à Cæsareâ Majestate petet , & cum ejusdem Cæsareæ Majestatis eorumdem pactorum confirmationem ad Serenissimum Regem Poloniæ deferet , tum Serenissimi Poloniæ Regis , apud Cæsaream Majestatem relinquet. Vicissim vero debebit Serenissimus Princeps & Dominus Dominus Maximilianus , Archidux Austriæ , &c. Hrodlo quo in loco nunc est ad diem decimum sextum mensis Julii movere, ac quam honorificentissime Byczynum , vel si ità serenitati suæ videbitur Bithomiam curâ Serenissimæ Regiæ Majestatis Poloniæ , ad diem vigesimum octavum mensis Julii deduci , quemadmodum quidem nos ejusdem Majestatis suæ supràscripti Commissarii ad ita futurum cum Majestatis suæ ordinumque tum nostro nomine promittimus. Priusquam etiam Serenissimus Archidux Maximilianus è regno proficiscatur Serenissimus Poloniæ Rex , ipse eum inviset , mutuamque benevolentiam ita ei declarabit , ut eam superioris temporis injuriâ interruptam magis fuisse , quam vel tum etiam illi defuisse , vel in posterum de futuram ostendat, quamque maxime poterit dignitatis ejus rationem libenter habebit. Quam primum vero ultrà fines regni Poloniæ in Cæsareæ Majestatis ditionis fines serenitas sua pervenerit , in primis quod nunc quidem Cæsarea Majestas , utriusque autem nomine nos Cæsareæ Majestatis Commissarii , spondemus promittimusque ipse quoque transactionem hanc in omnibus suis capitibus & articulis itidem confirmabit , confirmatamque & suâ atque aliquot procerum

Germanicorum, quos tum fecum habuerit, fubfcriptionibus & figillis munitam, iis qui nomine Sereniffimi Poloniæ Regis, eum comitabuntur inftrumen-
tumque illius ab eo poftulabunt, tradet deinde vero
juramentum corporale fequentibus verbis præftabit,
idemque fimiliter à fe & aliquot proceribus nationis
Germanicæ, qui tum circà eum fuerint fignatum
fubfcriptumque dabit.

MAXIMILIANUS, Dei gratiâ, Archidux Auftriæ,
Dux Burgundiæ, &c. Juro fpondeo per hæc fanɗa
Dei Evangelia, quod omnia ea quæ fanɗiffimi Domini noftri, &c. Legati ejus de latere Reverendiffimi Cardinalis Aldobrandini, interventu inter facræ
Cæfareæ Majeftatis Domini, & fratris mei obfer-
vandiffimi & cæterorum Sereniffimorum Principum
Auftriacorum, Commiffarios ex unâ, & Sereniffimi
Principis Domini Sigifmundi III, Poloniæ Regis,
Magni Ducis Lithuaniæ, &c. Parte ex alterâ Bithomiæ & Bendzini congregatos convenerunt, in omnibus eorum punɗis & claufulis firmiter inviolabiliterque obfervabo, pacem & amicitiam cum eodem Sereniffimo Rege Poloniæ, Magno Duce Lithuaniæ, &c.
Regnoque & Magno Ducatu Lithuaniæ, & cæteris
ditionibus ejus perpetuo conftanterque colam, neque quidquam quod contrà ejufdem Sereniffimi Regis
ditionum hominum ve ejus falutem & quietem fit
fufcipiam admittam ve, neque vim aliquam inferam
aut aliquo modo publicè vel occultè moleftabo, fed
fraterno honore amore & benevolentiâ omnibus in
locis, per omnem occafionem eundem Sereniffimum
Regem profequar; fic me Deus adjuvet, & hæc
fanɗa Dei Evangelia.

Quo

Quo juramento præstito tandem iis etiam quos ex natione Polonicâ juramento , fide , aut quocunque modo obligatos anteà serenitas sua habuit fidem eam, jusjurandum omnemque omnino obligationem remittet , planèque liberos eos pronuntiabit. Reservamus postremo ab hâc transactione, nos quidem Cæsareæ Majestatis , Commissarii pro sacrâ Cæsareâ Majestate , Domino nostro Clementissimo , universâque Serenissimâ domo Austriacâ sanctissimum Dominum nostrum Papam sanctamque sedem Apostolicam , nec non sacrum Romanum Imperium, cui pro eâ fide quam illi jurejurando obstrinxit Cæsarea Majestas , si quis illud injuriâ afficere vellet deesse non posset. Prætereà verò Serenissimum ac potentissimum Principem & Dominum Dominum Philippum , Regem Hispaniarum Catholicum , &c. Magnum Moschorum Principem , ità tamem ne propter hanc exceptionem , vel contrà Serenissimum Regem regnumque Poloniæ, Magnum Ducatum Lithuaniæ , &c. Vel contrà Serenissimum sueciæ Regem Cæsarea Majestas , aut cæteri Serenissimi Archiduces , ullum auxilium Moschis dare , & hanc transactionem turbare debeant aut possint. Ad extremum etiam Turcarum principem per præsentes & futuras , quocunque , si quæ intercesserint , inducias , ità ut ist hæc transactio Cæsaream Majestatem contrà illum ligare non possit nec debeat. Vicissim verò nos Serenissimus Poloniæ Regis , Commissarii ejusdem Serenissimi Regis regni , Magni Ducatûs Lithuaniæ cæterarumque ditionum ejus nomine præfatum sanctissimum Dominum nostrum Papam, sanctamque sedem Apostolicam , tum Serenissimum parentem Serenissimi Re-

Tome I. H

gis noſtri Regem , ſueciæ Illuſtriſſimum Sigiſmundum , Principem Tranſylvaniæ , nec non pacem ,
quæ idem Sereniſſimo Regi noſtro , cum Turcarum
principe intercedit , aut in poſterum juxtà priſtinam
Domini Sigiſmundi Auguſti , avunculi ejus formulam intercedet diſerte excipimus reſervamuſque.
Quæ omnia & ſingula in omnibus ſuis punƈtis articulis & clauſulis ſanƈte inviolabiliterque obſerva-
tum expletumque iri , nos ſupraſcripti utriuſque
partis Commiſſarii , cum principum noſtrorum ordinumque ipſorum tum noſtro nomine jam ex hoc ipſo
tempore , ſub fide honore & juramentis noſtris ſanc-
te promittimus ſpondemuſque juris autem firmitudi-
nis & fidei cauſâ in primis ut ſanƈtiſſimi etiam Domini noſtri de latere Legatus , Illuſtriſſimus & Reve-
rendiſſimus in Chriſto Pater , & Dominus Dominus
Cardinalis Aldobrandinus , & cujus potentiâ , prudentiâ , ſtudio ac operâ maximo hæc res confeƈtâ
fuit , eandem tranſaƈtionem hanc ſubſcriberet ſigillo-
que ſuo muniret communiter , ab Illuſtriſſimâ dominatione ſuâ impetravimus , ſingulaque exempla ab
omnibus nobis communiter ſubſcripta ſigilliſque omnium munita ſingulæ partes accepimus. Datum Bi-
thonici & Bendzini , nonâ die menſis Martii , anno
Domini milleſimo quingenteſimo oƈtuageſimo nono.

Hyppolitus tituli S. Pancratii preſbiter , Cardinalis Aldobrandinus , ſacræ Romanæ Eccleſiæ , Major
pœnitentiarius , & ſanƈtiſſimi Domini noſtri , & ſanc-
tæ Sedis Apoſtolicæ Legatus de latere.

Guillelmus J. Urſinus de Roſenberg.

Petrus , Epiſcopus Jaurienſis.

Chriſtophorus Junior , Baro à Lobkowitz.

Richardus Stein , Baro in Schvartzenau.

Staniflaus, Epifcopus Olomnicenfis.

Seifridus à Promicz , Baro in Plefs.

Nicolaus Iftwaufi.

Kobenzel de Prorfek , Baro.

Hyeronimus Comes à Rozdrazow , Epifcopus Vladiflavienfis & Pomeraniæ.

Januflius , Dux in Oftrog , Palatinus Volhyniæ.

Staniflaus Goftomki de Lezemice , Palatinus Ra-venfis , Capitaneus Radomienfis.

Chriftophorus Zienovicz , Palatinus Breztenfis , Magni Ducatûs Lithuaniæ , manu propriâ.

Andreas Opalenski , Supremus regni Poloniæ , Marefchalcus, manu propriâ.

Johannes Zamoyski , regni Poloniæ Cancellarius & generalis Capitaneus.

N°. XII.

Litteræ Andreæ Olʒowsky Procancellarii Regni
ad fupremum Regni Cancellarium Varfav.
4 Augufti 1673. Ex Andreæ Zaluski Epif-
copi Warmienfis fupremi Regni Poloniæ Can-
cellarii epiftolarum hiftor. familiarium tom. I ,
ad annum 1673 , pag. 469 & fequentibus.

CRASTINA die poft audientiam Ablegati Mofco-viciti , Valedicet Regi Marefchalcus prodie præfixâ ad caftrâ perrecturus , Princeps Valachiæ feu Hof-

H 2

podar per Legatum & litteras suas , suggerit consilium ut aliquem ex præcipius expediamus ad Portam , qui non prætereat Haffeim Baffam , tanquam Plenipotentiarum Turcicum ad tractandum nobiscum ; fortè volunt nostram in effectum deducere propositionem in quâ voluimus , ut Turcarum Imperator daret potestatem Baffæ ; Rex verò ex parte suâ delegaret aliquem cum autoritate virum senatorum ; suppetiarum nulla spes ab Imperatore , qui se gravi bello cum Gallo implicuit , ad quod prosequendum invitavit pro consilio generali Bellico , Bavaricum , Saxonicum & Brandeburgicum Electores , aliosque Principes Imperii , aut eorum delegatos scribitur procerto , Bavarus Cæsareis passum non permissurus, ad idem se resolvit Episcopus Franconiæ Dux , Moscum suspectum nobis amicum fecit , Græca fides , exercitus ejus retrocessit sub Batorinum. De expugnatione Ozoviæ vani rumores ; tantum enim eo sirco processerat ab acturus equorum Turcicorum agmina , sed illum Turcæ præmoniti repulerunt , cæde illatâ Cosaccis quorum 60 captorum , 18 ad Imperatorem , ad Haffeim Baffam miserunt duos , qui in Tartaris metum Moscorum & Cosaccorum discurserunt : non desunt & alia in sinceritatis ergà nos Moscoviticæ documenta. Electorem Brandeburgicum non invenit Morstim Berolini , spem faciet mittendorum inde 1500 militum , sed paratam vult illis dari pro sustentatione pecuniam seu lenungi. Apasi , Princeps Transsylvaniæ , in datis ad me assecurat , Portam nobiscum pacem conservaturam , salvis per omnia conditionibus tractatûs , præteriti anni , alias non. Interim in prudentiâ supremi regni

Marefchalci fummum confiftit momentum , vel belli
vel pacis. Ablegatus Cæfareus exhibuit Regi memo-
riale Principalis fui volentis redimere Scepufienfes
civitates , profecto non facilè refponfum dare potero ;
licet enim Sigifmundus Imperator, Vladiflao Jagel-
loni , anni 1412 , oppignoravit fcepufium triginta &
aliquot florenorum millibus latorum groſſorum Pra-
genfium cum pacto redhibitionis ; fed pofteà fuccef-
ferut varia alia pacta , Electiones Regiorum Principum Poloniæ , in Reges Hungariæ , matrimonia
Annæ Ifabellæ , pactâ de liberatione Maximiliani ,
in quibus adjudicarunt nobis à feculis quietam fcepu-
fii poſſeſſionem. Subfcripta funt pofteà hæc pacta à
Clemente VIII , à Lubkowicz , antenato moderni
miniftri ftatûs ; favet nobis autoritas hiftoricorum noftrorum , Wapowfcii , Bielfcii : aliàs enim etiam ad
Ruſſiæ Dacatum , cum Podolia poſſet habere præ-
tentionem Imperator , numeratis 100000 florenis ,
ut eft in pactis inter Ludovicum , Hungariæ Regem ;
par aut major prætentio ad Pruſſiam , & noftra viciſſim ad Silefiam. Quidquid ergo rationum & pro-
bationum occurrere poterit inveftigare velis , neque
fulcire.

Nᵒ. XIII.

Nos Johannes , Dei gratiâ , Dux Ofwicenfis &
Scolafticus Cracovienfis , recognofcimus & fatemur
tenore præfentium univerfis nos eſſe Principem &
Vafallum , Magnifici Principis Domini noftri Do-

mini Johannis , Bohemiæ & Poloniæ Regis , Illuftris ac Comitis Lucemburgenfis , & ab eo terram
noftram Ofwicenfem , cum fuis civitatibus & caftris
videlicet Ofwicenfi civitate cum caftro Zathor , civitate , Kant , Zipfcha , Vadovicz & Spikowicz oppidis cum etiam villis hominibus vafallis ac militibus
ad ipfas & ipfas fpectantibus & aliis fuis pertinentiis
univerfis in quibufcunque confiftant quas nunc habe-
mus & in pofterum fumus quocunque titulo habituri,
noftro hæredum & fucceflorum noftrorum Ducum
Ofwicenfium nomine , recepiffe infeodum , & ab
ipfo tenere ac poffidere , jure & titulo feodali vo-
lentes , quod hæredes & fucceffores noftri Duces
Ofwicenfes , prædicti , juxtà litterarum continen-
tiam , quas à prædicto Domino noftro Rege , & à
fuis hæredibus feu fucceforibus Regibus Bohemiæ ,
infeodo deinceps femper recipere debeant , & tenere & facto fibi , per eos fervande perpetuo fideli-
tatis homagio , ficut & nos nunc fpontaneâ & liberâ
voluntate fecimus ei vel eis tamquam ejus vel eorum
Princeps & vafallus , fincerâ fide intendere & parere ; in cujus rei teftimonium præfentes litteras fieri
& figillo noftro fecimus roborari. Datum in Bon-
tung , anno Domini millefimo trecentefimo vigefimo
feptimo , vj. Kalendarum Martiis

N°. XIV.

KASIMIRUS, Dei gratiâ, Poloniæ Rex. Univerfis præfentes Litteras infpecturis falutem & noticiam fubfcriptorum. Salus & vita & perennis tranquillitas, benedictio pacis irridiata claris fulgoribus per orbis clarius refulget climata, dum regnorum fubditis & terrarum incolis providetur de commodis, & inter Principes defideratæ gratiæ unio ac indoffulibilis caritatis fœdera gratiofus amplectuntur. Cum itaque ficuti ftatus præcedentium temporum demonftrat, inter Magnificos Principes Dominos Johannem, Bohemiæ Regem, & Karolum ipfius primogenitum Marchionem, Moraviæ, illuftres fratres noftros cariffimos ac progenitores & prædeceffores eorum parte ex unâ, nofque ac progenitores noftros parte ex alterâ, non nullæ afflictiones, feditiones & multiplices calamitates, cædes ve perfonarum ac rerum hinc indè per tempora agitatæ nofcantur, ac damnabilius perpetrata, propter quod regnorum & terrarum noftrarum gubernacula utrobique gravia pertulere difpendia & jacturas innumeras quotidiè habuerunt, nos hujufmodi tot & tantis cupientes falutiferè obviare periculis, quinimo eis finem imponere falutarem affectantes que affectibus attentis, cum jam dictis Dominis Rege & Marchione firmam ac perpetuam amicitiæ gratiam ac fraterne dilectionis vinculum irrefragabiliter colligare, in hoc votis eorum, ac noftris fatisfacientes libenti animo recognof-

cimus, dicimus & publicè proteftamur nos in Ma-
gnis Principibus Dominis Ducibus Boleflao, Ligni-
cenfi & Brecenfi, Henrico Zaganenfi & Crofnenfi,
Conrado Olifnicenfi, Johanne Stinavienfi, Sleziæ
Ducibus, nec non Bolkone, Oppolienfi, Bolkone,
de Falckinberch, Alberto de Strzielecz, Wladiflao,
Thefinenfi Ducibus, Wladiflao, Cozlenfi & Bitho-
nienfi, Principe Mazoviæ, Domino in Plocz, Les-
kone, Ratiborienfi, & Johanne Ofwiecimenfi,
Ducibus & vafallis eorum cum ipforum Ducatibus
& Dominiis terris diftrictibus & jurifdictionibus, pertinentiis metis appendiis & limitibus antiquis quibufcunque nec non in civitatibus Vratiflaviæ & Glogoviæ cum diftrictibus, limitibus, afflictibus & pertinentiis earum univerfis nullum jus, proprietatem,
dominium, poffeffionem ac titulum habere & ha-
buiffe competere, aut competiife aliqualiter in
eifdem promittentes ipfos Dominos Regem & Marchionem, aut hæredes, cohæredes & fucceffores eorum fuper prædictis Ducibus & Ducatibus eorum,
feu etiam civitatibus Wratiflaviæ & Glogoviæ, cum
pertinentiis fuis per nos & hæredes, cohæredes &
fucceffores noftros aut alios quofcunque nullo unquam tempore impedire moleftare vel impetere, nec
Duces aut Ducatus ipfos ipforumque pertinentias
nobis aut hæredibus noftris vindicabimus, vel etiam
affumemus in ipforum Regis & Marchionis, vel hæredum eorum præjudicium vel gravamen, quinimo
placet nobis & optimè favemus eis in eifdem, re-
nunciantes infuper & cedentes pro nobis hæredibus,
cohæredibus & fuccefforibus noftris, omni jure ac-
tioni, queftioni, proprietati & titulo in perpetuum,

si quæ nobis aut hæredibus & successoribus nostris competebant competerent , seu competere possent quomodolibet in futurum promittentes etiam sub fide juramenti præstiti juramenti tactis sacrosanctis Evangeliis & nihilominus excommunicationis latæ sententiæ contrà hujusmodi renunciationem nostram cessionem & promissionem , aliquâ ratione suggestione , impetitione , studio & ingenio , jure facto atque verbo nequaquam venire. Nonobstantibus aliquibus pactis , pactionibus , statutis , reformationibus , ordinibus , consuetudinibus , præscriptionibus , immunitatibus , indulgentiis , privilegiis vel litteris apostolicis , Imperialibus , aut aliis quibuscunque scriptis impetratis seu in posterum impetrandis , nec non juribus quibuscunque tam juris Canonici civilis , aut etiam municipalis , sub quacunque formâ verborum vel prolatione conceptis vel in posterum concipiendis, etiamsi talia forent , quibus de verbo ad verbum specialem & expressam oporteret fieri quomodolibet , mentionem quæ omnia & singula , & quolibet singulorum cassa irrita vacua & inania esse intelligi debeat volumus nulliusque fore efficaciæ penitus aut momenti ipsis etiam ex certâ nostrâ scientiâ per omnia derogamus. In quorum omnium testimonium atque robur perpetuum præsentes scribi fecimus , & nostrorum sigillorum munimine roborari. Datum Cracoviæ , in octavâ Purificationis sanctæ Mariæ Virginis , anno Domini millesimo trecentesimo trigesimo nono.

N°. XV.

Nos Ludovicus, Dei gratiâ, Rex Hungariæ, Dalmatiæ, Poloniæ, &c. Notum facimus universis quibus interest vel interesse potest, & poterit in futurum per præsentes quod ob singularem internæ caritatis ardorem quo Sereniſſimum ac invictiſſimum Principem & Dominum Dominum Carolum quartum, Romanorum Imperatorem, semper Auguſtum & Bohemiæ Regem illuſtrem, Sereniſſimam Principem Dominam Elisabeth, Romanorum Imperatricem, & Bohemiæ Reginam, sororem noſtram, & illuſtrem ac magnificum Principem Dominum Wenceſlaum, Bohemiæ Regem, præfati Domini Imperatoris filium, ac illuſtres Principes Dominum Johannem & Jodoncum ejus primogenitum, Marchiones & Dominos terræ Moraviæ, fratres noſtros cariſſimos cæterosque filios & hæredes ipsorum pio fraternoque finceritatis zelo, complectimur ipsis animo deliberato, non per errorem aut improvidè sed maturo Principum ecclesiaſticorum & sæcularium Comitum, Baronum & Nobilium noſtrorum fidelium, ad hoc accedente consilio, & ex certâ noſtrâ scientiâ pro nobis, ac Sereniſſima Principe Dominâ Elisabetha consorte noſtrâ cariſſimâ Hungariæ, Poloniæ, &c. Regina, nec non hæredibus, hæredum, hæredibus & succeſſoribus noſtris Hungariæ, Poloniæ, Dalmatiæ, &c. Regibus in perpetuum promiſſimus & promittimus bona fide, dolo & fraude, quibuſ libet proculmotis , & fub eo juramento corporali quod nos & prædicta Domina confors noftra cariffima Regina Hungariæ , fuper lignum vivificæ crucis & fuper fancta Dei Evangelia in manus Reverendi in Chrifto Patris , Domini Johannis Patriarchæ Alexandrini , Apoftolicæ Sedis Legati præftitimus , quod tam nos , quam eadem Domina Regina hæredes & fucceffores noftri , nunquam nos vel hæredes noftri , & hæredum hæredes & fucceffores afpirare debemus nec volumus ad vendicandum aut ufurpandum nobis vel ipfis aut alicui , ex nobis regnum Bohemiæ , Principatus feu Principes aut Prælatos ecclefiafticos , five fæculares & fignanter fpecificè & expreffè ejufdem regni & Coronæ Bohemiæ Principes Principatus & Ducatus , videlicet Wratiflavie , Svindnicie , Jaurenfem , Monftewbergenfem , Legnicenfem , Bregenfem , Olnicenfem , Glogoviæ & Cruffin , Sagom , Opolienfem , Falckenbergenfem , Strelicenfem , Tefchinenfem , Ratheborenfem & Opaviæ , Coflenfem , Bythinnenfem , Wfnicienfem , Stinaviæ & Gorenfem , nec non Marchyonatus , Moraviæ , Lufaciæ , Budiffinenfem & Gòrlicenfem , feu alios eorum quofcunque Principatus , Ducatus , terras , homines , dominia , civitates , caftra feu quaflibet pertinentias eorum communiter & divifim in genere , fpecie , five in Bohemiâ , Moraviâ , Silefiâ , Poloniâ , Saxoniâ , Bavariâ , Franconiâ , feu alias ubicunque locorum confiftant , vel ad vendicandum , vel ad ufurpandum nobis quafcunque , vel alicujus eorum metas , granicias , gades , feu terminos aut jura libertates , pertinentias confuetudines vel obfervantias , quæ feu quas ad præfens tenent ,

habent & poffident feu auctore Domino de jure
adipifci, habere, tenere, obtinere, vel poffidere
poterunt aut debebunt, quomodolibet in futurum
feu etiam quæcunque alia ad ipfos quovifmodo fpec-
tantia, ubicunque fita, quæ non funt nominatim
præfentibus inclufa etiam fi talia forent, de quibus
hic fieri deberet vel poffet mentio fpecialis & in eum
cafum, fi hujufmodi eorum Principes, Pincipatus,
Ducatus, Duces, Comites, Barones, Nobiles,
milites & clientes, cives, civitates, oppida, caftra,
aut univerfitates terræ feu homines, aut eorum aliquis vel aliqui, feu voluntariè, feu fponte nobis of-
ferrent offerre vellent, vel quovifmodo deliberare,
fubdere fubicere vel offerre, quod ex nunc prout
ex tunc, & ex tunc prout ex nunc promittimus &
fpondemus pro nobis ac omnibus & fingulis fuprà-
dictis, fub juramento & fide præfatis tales vel talem
nullatenus affummere, recipere, feu aliquatenus ac-
ceptare, quibufcunque ad inventionibus ingenio vel
colore quæfitis. In cujus rei teftimonium præfentes
noftræ Majeftatis & ejufdem Dominæ Reginæ confor-
tis noftræ cariffimæ figillis auctoritatis fimplicibus ap-
penfione juffimus communiri. Datum in Wyfegrad,
in fefto fanctæ Trinitatis, anno Domini millefimo
trecentefimo feptuagefimo fecundo.

Nº. XVI.

Ex Diplomatario manuscripto Poloniæ apud Sommersberg, tom. II, Ser. Rer. Sil. in Mantissâ Diplomat. pag. 86.

GEORGIUS, Rex Bohemiæ, conventu personali cum Casimiro, Glogoviæ instituto fœdus inter se ineunt, in primis contrà Turcarum Imperatorem promittit Rex Poloniæ, si Rex Bohemiæ à Turcâ bello infestetur, se in personâ suâ ei opem laturum ; idipsum Rex Bohemiæ facturus est contrà alios hostes omnes tam sæculares quam spirituales summo Pontifice excepto, mutuum sibi spondem auxilium, damna mutua arcentur. De injuriis jure transigatur, moneta legitima cudatur, causa Henrici, Ducis Glogoviensis & Crosnensis, à mutuis Commissariis ratione oppidorum Villarûmque, quæ Rex Poloniæ possidet decidatur in oppido Babimost. De castris Osviecimensi, Wosekensi, Sieviorensi, Zatorensi, Beerwaldensi, Zivicensi convenit, ut Rex Poloniæ, possideat ad vitam ; dotem Elisabethæ Reginæ debitam Rex Poloniæ, vivente Rege Bohemiæ non repetat. Glogoviæ feriâ v. Ascens. Domini 1462.

N°. XVII.

Ex Diplomatario manuscripto Poloniæ apud Sommersberg , tom. II , Ser. Rer. Silef. in Mantiffâ Diplomat. pag. 86.

CHRISTOPHORUS de Schidlovitz , Palatinus Cracoviensis , regni Cancellarius Sigismundi , Regis , apud Ferdinandum , Bohemiæ Regem , orator testatur se éidem Regi exhibuiffe fœdus inter Casimirum Poloniæ & Georgium Bohemiæ , Reges initum , cujus primum articulum de focietate belli contrà Turcam Ferdinandus, Rex, ad ordines regni fui relaturum effe fe promittit ; pariter de focietate contrà hostes , ut Carolus , Imperator exciperetur voluit ; cæteri articuli de injuriis non inferendis de puniendis , transgrefforibus & maledicis , de fecuritate viarum , de moneta , de Commiffariis , five judicibus qui lites & controverfias dirimant infinibus utriufque Silefiæ , & utriufque Poloniæ , & conventus hâc de caufâ faciant , dandis fecundum præfcriptum ejufdem fœderis conclufum eft. Quod fi Rex alter ab altero quidpiam prætenderet, judicem vel judices de de confenfu legent. Adjunctum eft prætereà ut iidem Reges , & Johannes Comes Scepufienfis , Woyvoda Tranfylvanus , Olomucium oratores fuos ad tractandum de pace nuntios mittant. Pragæ feriâ quartâ poft Dominicam Oculi , anno Domini 1527.

LES DROITS

DE LA COUR IMPÉRIALE

DE RUSSIE

SUR LA RÉPUBLIQUE

DE POLOGNE,

Principalement ſur le Grand-Duché de Lithuanie,

SOUS TITRE D'ÉQUIVALENT.

EXPOSÉ

EXPOSÉ

DE LA CONDUITE

DE LA COUR IMPÉRIALE

DE RUSSIE,

VIS-A-VIS DE LA SÉRÉNISSIME RÉPUBLIQUE

DE POLOGNE.

ON a vu dans tous les tems la Cour de Ruſſie s'employer à procurer à la Pologne ſa paix intérieure, & lui aſſurer un Gouvernement ſtable, & réglé ſelon les Loix. Outre les raiſons d'humanité & de bon voiſinage, premiers motifs d'une telle conduite, elle avoit pardevers elle la conſidération importante de terminer à l'amiable une multitude d'affaires ouvertes & en ſuſpens depuis long-tems entre les deux Etats, qu'elle ne pouvoit eſpérer de voir décidées qu'à la faveur de l'ordre & de la tranquillité dont jouiroit la République. A la mort d'Auguſte III, elle s'unit, de concert avec Sa Majesté le Roi de Prusse , aux Patriotes les plus éclairés & les mieux intentionnés , & favorisa , selon leurs desirs, la libre élection d'un Roi Piaste. Il étoit besoin de cet événement pour rendre son ancien lustre à la liberté Polonoise , rassurer la qualité élective de la Couronne , & détruire une influence étrangère enracinée dans l'Etat, qui y étoit une source perpétuelle de troubles & de divisions. De même il n'y avoit qu'un Gouvernement républicain & national qui pût pourvoir efficacement aux besoins intérieurs, veiller à l'exécution des engagemens au-dehors, & maintenir , par une police & une justice exacte sur les frontières, l'union & l'amitié avec les voisins. Ce premier point, la libre élection d'un Piaste obtenu, il en étoit un autre qui s'opposoit encore à l'union des esprits & à la parfaite liberté dans les délibérations. Une partie des Citoyens , autrefois membres de l'Etat , se trouvoit exclue de tous les emplois par une force injuste , & gémissoient dépouillés de l'état de Citoyens , nonobstant l'authenticité de leurs droits, leurs réclamations constantes, & l'appui des Puissances garantes de leur état.

La Cour Impériale de Russie , qui n'avoit

cessé de faire sur cet objet à la République les repréfentations les plus preffantes , renouvella alors fes inftances ; & à la fin , après toutes fortes de tentatives , & des efforts avoués par la Nation, elle réuffit, conjointement avec les autres Puiffances intéreffées à la même caufe, à obtenir que la République légalement af- femblée en Diète , rendît juftice à ces Ci- toyens , & les rétablît , au moins en grande partie , dans leurs droits.

Tout concouroit aux vues bienfaifantes de la Ruffie ; elle voyoit en perfpective le mo- ment où, la paix parfaitement affurée à la Ré- publique , cette Puiffance voifine alloit entrer avec elle dans une négociation amiable & tran- quille , & lui faire juftice fur tous les points qu'elle a à régler avec elle. Pour donner plus de confiftance à cet état où déjà les chofes étoient parvenues , & augmenter encore la confiance de la Nation Polonoife , la Cour de Ruffie s'engagea , par un traité folemnel , à garantir tant les Conftitutions de la Diète de 1768 , que les Poffeffions de la République.

Mais un afpect fi heureux ne tarda pas à difparoître. Une partie des efprits féditieux d'entre les principaux de l'Etat , forme des factions qui fe déclarent hautement contre des arrangemens que dicta l'équité & la saine raison. Sous les prétextes les plus absurdes ou les plus frivoles, ils se soulevent contre l'autorité légitime, & mettent tout le Royaume en combustion. Ils ont la témérité de s'attaquer à la Cour de Russie, l'outragent par des Manifestes sanglans, & commencent contr'elle une guerre ouverte, en attaquant à main armée ses troupes qui se trouvoient alors en Pologne à titre d'auxiliaires, réclamés par l'autorité légitime. Bientôt leur méchanceté s'élance au-delà de leurs frontières; ils séduisent la Porte Ottomane, & l'entraînent, par l'unique motif de protéger leurs complots, à déclarer la guerre à la Russie. De plus, ils déclarent le Trône de Pologne vacant dans la vue d'attirer l'étranger dans leur patrie, d'y augmenter la confusion; & en y multipliant les embarras de la Russie, de faire une diversion d'autant plus favorable à l'ennemi, qu'ils ont provoqué contr'elle. L'ambition & la cupidité, couvertes du fantôme de la religion & de la défense des loix, courent & désolent ce vaste Royaume, sans qu'on eût prévu d'autres termes à une telle fureur que sa ruine entière. Les forces que la Cour de Russie y entretient à grands frais pendant quatre années; les échecs multipliés qu'elles font esfuyer à ces perturbateurs ; la certitude que leurs bandes font difperfées auffi-tôt qu'elles ofent paroître ; des victoires fignalées qui reculent loin d'eux la protection dans laquelle, au mépris de la religion & de l'intérêt de leur patrie, ils ont mis leur refuge ; rien ne peut les ramener de leur égarement & de leur fureur. Eux-mêmes n'ont plus d'autre but, d'autre efpoir, que de s'enfevelir fous les ruines de l'Etat, pourvu qu'il périffe avec eux. Telles font les fureurs de la multitude, féduite & dirigée par une partie des Chefs de l'Etat, tandis que l'autre, au lieu de travailler de bonne-foi à calmer les troubles, fe répète dans fes vues cachées de s'élever au-deffus de fes égaux fur les ruines de la nation, par une conduite fimulée & équivoque dans le Gouvernement.

Ce n'eft qu'à une telle extrémité que la Cour de Ruffie a pû perdre patience, & défefpérer de pouvoir jamais obtenir juftice de la Pologne par des voies paifibles & amicales.

On l'a vue encore au milieu des avantages les plus décififs contre les Turcs, & après les coups les plus fenfibles portés par fes troupes aux différentes bandes des foi-difans Confédérés, faire le pas le plus généreux pour vaincre l'opiniâtreté de ces derniers. Elle fait publier une Déclaration dans laquelle, en déférant à la foiblesse de la multitude, elle s'attache à détruire les ressorts les plus cachés de la malignité ; elle explique ses intentions, dont la droiture n'auroit jamais dû être suspectée ; elle offre des tempéramens, des modifications, des concessions même sur les choses les plus justes, tant elle est en garde contre le moindre soupçon qui puisse lui imputer les maux de l'Etat, tant elle desire de les guérir, A des gens qui portent le trouble & la désolation dans leur patrie ; à des particuliers qui, sans autre titre qu'une audace furieuse, ont osé lui faire la guerre, elle offre une suspension d'armes pour travailler à rapprocher & réconcilier les esprits. Jamais la dignité d'un Etat ne pût déférer avec plus d'éclat au cri de l'humanité & de la compassion, & malheureusement elle ne fut point écoutée.

Après avoir épuisé tous les moyens qui pouvoient, par le concours de la volonté de la Nation, rendre la paix à la Pologne, & à la suite procurer à la Russie la justice qui lui est dûe, il ne lui restoit plus qu'à recourir à des moyens indépendans de cette même volonté, & c'est ce qui a dû faire ultérieurement l'unique règle de sa conduite. Il eût été absurde de soutenir

plus long-tems, en faveur de la République,
le poids d'une garantie méprifée & rejettée
par la voix individuelle de la plus grande partie de la Nation, fentiment auquel le refte ap-
plaudit, ou, du moins, qu'il enhardit par fon
filence. Dans une anarchie où la défobéiffance
anéantit tout gouvernement régulier & détruit
tout droit civil, le droit public auffi perpétuel-
lement violé, eft, de fait, réduit à la même
inexiftence.

La Cour Impériale de Ruffie, obligée donc
de pourvoir par elle-même aux moyens d'arrêter la fureur des défordres en Pologne, d'empêcher l'écroulement de l'Etat, & de s'affurer
une jufte fatisfaction fur fes droits légitimes,
eft entrée à cet effet dans un concert avec la
Cour Impériale & Royale, & S. M. le Roi de
Pruffe ; & ces trois Puiffances ont déféré à la
voix de l'intérêt & de la fûreté de leurs peuples dans une fituation pareille d'un Etat
voifin.

En conféquence, elles ont déjà annoncé à la
Nation Polonoife, qu'elles vouloient travailler
d'un commun accord à rétablir & à raffurer
l'ordre & la tranquillité en Pologne ; à maintenir la conftitution de cet Etat & les libertés de
la Nation, ainfi qu'à confolider fon exiftence

politique extérieure , & lui affurer la perma-
nence defirée par l'intérêt immédiat de leur
voifinage.

En même tems Sa Majefté Impériale de
toutes les Ruffies , pour s'acquitter de fes devoirs envers fon Etat & fon peuple , & ne
pouvant, fans compromettre leurs intérêts les
plus évidens , attendre plus long-tems juftice de
la Pologne, s'eft fait raifon à elle-même, en prenant en fa propriété & poffeffion effective les
terres & pays ci-après énoncés : favoir, le refte
de la Livonie Polonoife, de même que la partie du Palatinat de Polock , qui eft en-deçà
de la Duina , & pareillement le Palatinat de
Witepsk , de forte que la rivière de la Duina
fera la limite naturelle des deux Etats jufques
près de la frontière particulière du Palatinat de
Witepsk d'avec celui de Polock ; & en fuivant cette frontière jufqu'à la pointe où les limites des trois Palatinats, favoir, de Polock,
de Witepsk & de Minsk , fe font jointes. De
laquelle pointe , la limite fera prolongée, par
une ligne droite, jufques près de la fource de
la rivière Drújuk, vers l'endroit nommé Ordwa ;
& de-là en defcendant cette rivière jufqu'à
fon embouchure dans le Dnieper , de forte
que tout le Palatinat de Mfciflawl , tant en-

deçà qu'au-delà du Dnieper , & les deux ex-
trémités du Palatinat de Minsk , au-deſſus &
au-deſſous de celui de Mſciſlawl , en-deçà de
la nouvelle limite & du Dnieper , appartien-
dront à l'Empire de toutes les Ruſſies ; & depuis l'embouchure de la riviere Drujuk , le
Dnieper fera la limite entre les deux Etats ,
en conſervant toutefois à la ville de Kiow , &
à ſon diſtrict , la limite qu'ils ont actuellement
de l'autre côté de ce fleuve.

En effectuant cette priſe de poſſeſſion , la
Cour de Ruſſie renonce à toute reſtitution des
pays uſurpés ſur ſon Empire par la République
& ſes ſujets , comme auſſi à toute réparation
pour ſes ſujets , des torts & dommages à eux
cauſés , & à la reſtitution des deſcendans des
transfuges de ſon Empire nés & domiciliés en
Pologne. Ces objets vont être ſpécialement
déduits ci-après article par article , & prouvés
avec la plus grande évidence , & il demeurera
conſtant que les terres que la Cour de Ruſſie
a priſes en ſa main & réunies à ſes Etats , n'en
ſont qu'un équivalent très-modéré ; ce ſont,
d'ailleurs , celles qui peuvent lui être cédées
avec le moins de préjudice pour la Pologne ,
puiſque les deux Etats en retirent l'avantage
commun d'une frontière plus nette & moins

litigieufe ; tellement que la République , en traitant dans une négociation tranquille l'objet d'un dédommagement auſſi indifpenſable que celui qui eſt dû à la Ruſſie , n'auroit pû elle-même en propoſer d'autres ni accorder moins, tant les Droits de cette Puiſſance font poſitifs & étendus.

DÉDUCTION.

Depuis 1523, tous les Traités & Réglemens des frontières conclus folemnellement entre l'Empire de Ruſſie & la Pologne, ont établi & fixé la limite des deux Etats , depuis l'embouchure de la Dwina juſqu'à la petite ville de Stoika , fife fur le Dnieper , cinq milles au-deſſous de Kiow. Sans égard pour cette détermination des limites , la Pologne a fait fucceſ-fivement , & felon les lieux de fa convenance, des enteprifes confidérables fur le territoire de Ruſſie ; & depuis plus de foixante années , elle en occupe & cultive au profit de fes fujets & au préjudice de ceux de la Ruſſie , au-delà de 1300 werſtes quarrées d'un fol gras & fertile : ce qui eſt démontré par des plans & cartes exactes de chacun des endroits injuſtement en-vahis, & conſt até encorepar des réclamations publiques de la Cour de Ruffie , & par une multitude de plaintes particulieres de fes fujets léfés par ces ufurpations.

Quelques peines que fe foit donné la Cour de Ruffie pour obtenir fatisfaction fur un objet auffi liquide , elle l'a toujours fait fans fuccès , parce que l'intérêt des particuliers qui y avoient trouvé un aggrandiffement confidérable à leur fortune , a toujours eu plus d'effet fur les réfolutions de l'Etat que la juftice , l'obfervation des Traités , & les égards que prefcrit un bon voifinage.

Il y a plus ; c'eft que comme l'injuftice ne connoît d'autre règle que celle de conferver ce qu'elle s'eft approprié , chaque propriétaire cantonné dans ces terreins envahis fur la Ruffie , y exerçoit tous les défordres propres à une telle domination & à de telles ufurpations ; tenoit fes gens continuellement en armes ; ne ceffoit par des excurfions de fatiguer continuellement les poffeffions de fon voifinage , & croyoit n'affurer les fiennes , qu'en pouffant en avant une efpece de défert pour leur fervir de barrière. Des informations authentiques fur cet état des frontières , & les dépofitions de nombre de témoins oculaires encore vivans , feroient le tableau le plus affreux des maux

que les fujets de la Ruffie ont eu à fouffrir &
en fouffrent journellement. En confidérant ce
qu'importe la reftitution d'une étendue de terrein fi confidérable , & y joignant les dommages caufés par toutes les voies illicites dont
l'occupation s'en eft faite, enfin les intérêts de
plus de foixante années de jouiffance , on fentira que la valeur totale de l'objet de cette première réclamation de la Cour de Ruffie , eft
immenfe ; mais elle n'eft pas encore la plus
confidérable, toute importante qu'elle eft.

Par l'article VII du Traité de paix perpétuelle conclu à Mofcou en 1686 , la Ruffie
confentit à laiffer en barrière un terrein qui
étoit une de fes anciennes poffeffions , fur lefquelles étoient fituées les villes de Kzyfzezio ,
Trechtamiraw , Kanew , Mofzny , Solkonia ,
Czarkaffy , Bobrowica , Buffim , Voroukow ,
Krylow & Czygirin ; une pareille conceffion
n'ayant eu pour but que de mettre plus promp-
tement fin à une guerre fanglante, & d'affurer,
par un remède auffi violent, qu'une dévaftation
de pays , la tranquillité du voifinage entre
deux Nations rivales & nouvellement récon-
ciliées , il s'enfuit néceffairement que toute
atteinte à une telle deftination de la part des
fujets de la République de Pologne, a , par le

fait même, fait revivre fur cette étendue de
terrein le droit inconteftable, & jamais aliéné
de la Ruffie ; & que c'eft à la Pologne, non-
exécutrice de ces Traités, à répondre de tous
les dommages que, faute de barrière, on a eu
du côté de la Ruffie à fouffrir. Il eft même à
propos d'obferver, que cette ftipulation de barrière n'étoit qu'éventuelle & à tems, puifqu'il
eft nommément dit, que cela ne reftera ainfi
que jufqu'à ce qu'il en ait été autrement convenu amiablement. Il s'agiffoit donc de donner aux deux Nations le tems de dépofer leurs
anciennes haînes ; & pour ôter les occafions
prochaines à des querelles entre les fujets, &
à la fuite de celles-là à une rupture entre les
deux Etats, la Ruffie facrifioit, pour un tems,
la poffeffion du terrein qui s'étend depuis la
petite ville de Stoika jufqu'à la rivière Tec-
mine, & s'avance depuis la rive droite du
Dnieper, jufqu'à cinquante werftes en largeur
le long des frontières de la Pologne. Il n'y a
pas ici d'idée de ceffion de la part de la Ruffie ; c'eft un gage qu'elle avance pour la folidité
de la paix, qui doit lui retourner quand l'effet
en fera produit. C'eft-là la feule interprétation
raifonnable qu'on puiffe donner à la ftipulation, jufqu'à ce qu'autrement il en ait été

amiablement convenu. Ce n'eſt point à la Ruſſie à ſouffrir de dommages , de ce que la confuſion des affaires intérieures de la Pologne n'a jamais permis de régler définitivement cet objet avec elle , quelques inſtances qu'il lui en ait été faites de la part de la Ruſſie. Mais qu'eſt-il arrivé ? Les Polonois, qui, ſous un Gouvernement Ariſtocratique , ne ſuivent pas auſſi uniformément le mobile de la politique du Gouvernement que dans un Etat Monarchique , n'ont point balancé à s'approprier ce terrein qui étoit tant à leur bienſéance ; & y trouvant déjà l'avantage de tous les anciens établiſſemens des Ruſſes , ils n'ont pas tardé à en faire un Diſtrict des plus fertiles & des plus peuplés de la Pologne. Ce qu'il y a de plus criant & de plus préjudiciable pour la Ruſſie , c'eſt que , de la plupart de ſes ſujets tirés de la petite Ruſſie, ils ont peuplé ces Diſtricts : gens qu'ils ont attirés par toutes les voies de la ſéduction ; & quand celles-ci n'étoient pas ſuffiſantes , en faiſant des excurſions ſur le territoire de Ruſſie , & y enlevant de force ſes ſujets. On a dit ci-deſſus , que dans un Gouvernement Ariſtocratique , le particulier ne ſuit pas autant que dans un Gouvernement Monarchique l'impreſſion politique de l'Etat ; & par-là on a donné, du moins en apparence, prétexte à l'objection que l'Etat, dans un cas pareil, n'est point responsable de la conduite des particuliers qu'il peut avoir ignorée, & que ce n'est pas de lui que l'on peut répéter des dommages causés par eux. Elle disparoîtra d'abord, cette objection, dès qu'on recourra à l'état certain de ce District. Il se trouve actuellement dans son enceinte nombre de possessions des premières familles de l'Etat, s'entend de celles mêmes qui participent au Gouvernement. Il contient onze villes, lesquelles sont régies selon les mêmes loix que le reste de la Pologne, ont des Tribunaux dont les Juges sont installés avec les mêmes cérémonies & formalités. On y voit plusieurs Starosties & autres Bénéfices royaux, auxquels il a été nommé à différentes vacances. Ainsi le même Gouvernement, qui sait quel doit être l'état de ce District par l'engagement des Traités qu'il étoit tenu de faire observer, ne sait pas moins positivement quel il est devenu par l'usurpation ; & de fait, on recueille le fruit comme du reste de ses possessions. Une réflexion qui constatera encore mieux que non-seulement le Gouvernement n'ignore pas cette usurpation, mais que c'est de son aveu & de

son autorisation, soit tacite, soit publique ;
qu'elle est faite, c'est que le moment choisi
pour l'effectuer, est celui des plus grands embarras politiques où la Russie se soit trouvée ;
savoir en 1711, où elle étoit engagée dans la
guerre avec les Suédois & la Turquie. Un cal-
cul aussi politique trahit la main qui opère.
Mais la Russie n'a besoin que de son droit ; &
quand elle réclame un terrein qui lui appartient à aussi juste titre, elle ne doit connoître
que l'Etat lui-même, & c'est à lui à lui procurer, avec la restitution d'un terrein qui contient plus de 8000 werstes quarrées, un dédommagement suffisant pour la jouissance
qu'en ont eu à leur profit les sujets de la République elle-même pendant plus de soixante
années. L'évaluation d'une restitution aussi considérable & incontestable, selon l'estimation
la plus modique, formeroit une somme pro-
digieuse.

Il a été avancé ci-dessus, que les Polonois,
pour peupler le district usurpé sur la Russie, y
avoient attiré par toutes sortes de voies nombre de ses sujets, & cela n'a pû se faire que
par une contravention manifeste au Traité de
paix perpétuelle. Ce n'est pas seulement de ce
côté-là qu'ils ont employé & pratiqué ces ma-
nèges,

nèges , au préjudice le plus notable tant de l'Etat que des particuliers. Sur toute l'étendue des frontières entre les deux Etats, & même à une profondeur confidérable dans l'étendue des terres , il n'y a prefque point de villages qui ne fe reffentent , plus ou moins , de cette défertion favorifée & follicitée , & fouvent forcée par la Nobleffe Polonoife : celle-ci auffi-tôt qu'elle a reçu ou attiré chez elle un de ces transfuges , ne manquant pas de le faire paffer fur des terres de l'intérieur , & même vers la frontière de Hongrie , de cette façon éludant toute réclamation qui en eft faite , & niant hautement que tel homme fe foit retiré chez elle. Ce font de ces faits publics , que dépofe chaque village Polonois , où l'on trouve plus ou moins de ces transfuges de Ruffie. Les différens états ramaffés des diverfes plaintes des particuliers , ainfi que des rapports des Gouverneurs, pour les payfans de la Couronne, en portent le nombre à plus de 300,000 , fans compter leurs defcendans, depuis tant de tems qu'a commencé & que fe perpétue cette émigration, & il faut penfer qu'il y en a toujours un grand nombre qui échappe aux fpécifications les plus exactes. Cet objet a fait la matière des perpétuelles réclamations de la Cour

de Ruſſie ; & on ne doit pas être ſurpris de
leur inutilité , quand on réfléchit que les ſeu-
les perſonnes qui auroient pû déterminer l'E-
tat à cet acte de juſtice , de bon voiſinage , &
d'obſervation des Traités, étoient les premiers
intéreſſés à traîner cette affaire en longueur
ſous mille prétextes frivoles, & à laſſer la Ruſſie dans une pourſuite qui , de la part de tout
autre Etat , auroit été immanquablement un
ſujet de guerre.

Mais comme une telle appropriation des ſujets de la Ruſſie eſt contraire au droit des gens,
& nommément défendue par les Traités , la
Ruſſie eſt fondée dans les titres les plus légitimes à les réclamer , & elle fera , ſur cet article , tout ce qu'il eſt humainement poſſible
d'attendre de ſon amour pour la paix , que de
ſe borner à la reſtitution des fuyards nés dans
ſes Etats , & ne l'étendant pas après leur mort
ſur leurs deſcendans nés en Pologne.

Tels ſont les Droits proprement de l'Etat
que la Ruſſie a à réclamer de la Pologne ; l'é-
vidence & la juſtice ne ſauroient former des
titres plus inconteſtables. Elle n'eſt pas moins
fondée à y joindre la demande de dédommagemens , pour les pertes & les torts les plus
graves cauſés à ſes ſujets. En voyant l'impor-

tance de ces objets, on fentira quelle a été fa
modération & fa patience, & combien elle
étoit autorifée à fe faire enfin elle-même une
juftice cenfée lui avoir été refufée pour jamais, puifque foixante ans de fuite elle l'a follicitée inutilement.

PERTES ET DOMMAGES

CAUSÉS AUX SUJETS DE LA RUSSIE.

On fait que le cultivateur en Ruffie comme
en Pologne, & dans une grande partie de l'Europe, eft attaché à la Glebe, & forme une
partie de la propriété du Seigneur. On fent
déjà, fur la perte de 300,000 habitans de
toute efpèce, quelle diminution prodigieufe a
fouffert la Nobleffe dans fes revenus & dans
le capital de fes richeffes. Non-feulement il
faut compter la perte effective de chaque famille défertée pour s'établir en Pologne ; il a
dû, dans tous les villages voifins des frontières, régner, par l'exemple de ces transfuges,
un efprit de défobéiffance, de défordre, de
menaces, qui n'a pas permis de tirer de ceux
qui reftoient le parti ordinaire pour la culture
des terres. Il eft tel propriétaire qui, au lieu

de tirer aucun revenu d'un village , a dû nour-
rir ſes propres payſans pour en prévenir la dé-
ſertion , & eſt reſté chargé de terres ruineuſes
pour lui , ſans produit ni valeur vénale , toujours ſe flattant que la Cour obtiendroit juſtice , & qu'il y auroit une police ſur les frontières , à l'abri de laquelle il pourroit un
jour rétablir l'ordre & l'économie parmi ſes
gens.

Il y a auſſi une perte ruineuſe en richeſſes
de toute eſpece ; chaque transfuge prenant ce
qu'il a de meilleur , ſon cheval , ſon argent,
empruntant le cheval ou l'argent de ſon voiſin,
tout diſparoît pour toujours avec lui , & l'ap-
pauvriſſement augmente chaque jour.

Souvent les propriétaires ont envoyé de leurs
gens en Pologne , chercher à découvrir les
fuyards de leurs terres ; ſouvent ils les ont
trouvés , & les ont réclamés juridiquement ,
mais ſans aucun ſuccès , par l'impoſſibilité
d'obtenir juſtice ſur un objet où chaque gentilhomme Polonois donne la main à l'autre ,
& connive à ſes injuſtices.

En venant ſolliciter une juſtice ſi évidente ,
ils ont été expoſés , on ne dira pas à des chicanes , on ſait comment s'adminiſtre la juſtice
en Pologne ; mais à des perſécutions inouies ,

à des emprifonnemens, des outrages, des punitions corporelles, & même de mort, foit fur un ordre privé, foit par fentence de quelque petit tribunal borgne. Plufieurs ont été renvoyés, défigurés pour leur vie par des mutilations barbares. Ces excès, les dépenfes qu'a dû fupporter la Nobleffe dans la recherche de fes gens & la pourfuite d'une juftice qu'il lui a été impoffible toujours d'obtenir, augmentent la maffe de fes pertes, & le dommage total eft immenfe.

Sur un autre article, partie des fujets de la Ruffie n'ont pas moins éprouvé, par les pertes & les torts les plus frappans, combien il eft impoffible à un Ruffe d'obtenir quelque juftice en Pologne. Ceux de la petite Ruffie, tant pour les particuliers que les eccléfiaftiques & les monâftères, qui, après avoir été quelque tems fous la domination de la Pologne, font retournés à leur ancien maître, l'Empire de Ruffie ayant des prétentions à exercer dans différentes provinces de la Pologne, foit à titre de fucceffion, de donation, d'acquêt ou autre, ont été vainement fur les lieux réclamer les biens qui leur échéoient légitimement ; après les avoir confumés en frais, en les faifant paffer par tout le dédale de la chicane, on les a obligés de s'en retourner chez eux fans rien terminer, de confier leurs titres à des commiffionnaires, qui n'ont pas tardé à en traiter avec leur partie adverfe ; & les biens qui leur appartenoient le plus légitimement, leur ont été ravis fans retour. Nombre d'entr'eux ont eu encore à effuyer les mêmes avanies, les mêmes emprifonnemens, & tous les traitemens barbares qu'ont éprouvé les gens envoyés par les Gentilshommes Ruffes pour réclamer leurs transfuges. Quelque réclamation qu'ait fait le Miniftère de Ruffie en faveur de tant de fes fujets ruinés par un déni de juftice fi inhumain & fi oppofé à ce que des Etats policés fe doivent l'un à l'autre, l'examen de ces affaires ayant été renvoyé continuellement aux mêmes tribunaux qui avoient commis les premieres injuftices ou les avoient autorifées, il n'a jamais été poffible d'avoir aucune réfolution; les biens font reftés à qui s'en étoit emparé, fans que les fujets de la Ruffie ayent obtenu le moindre dédommagement. Par les documens originaux qui fe trouvent encore dans les familles malheureufement ruinées par ces injuftices, fans compter, ni la reftitution des fruits depuis près d'un fiècle, ni les dépenfes & frais exceffifs faits par leurs ayeux pour tâcher d'ob-

tenir juftice, cet objet fait un capital très-con-
fidérable.

Il n'y a point de Puiffances qui ayent entre
elles de Traités & d'Engagemens folemnels
plus précis & plus analogues au vrai bien des
fujets, pour leur commerce & communication
refpective, que ceux qui exiftent entre la Ruffie & la Pologne , & anciennement celle-ci &
la Suède quant à la Livonie , province cédée à
la Ruffie avec tous fes droits & appartenances ;
le Traité d'Oliva , article 15 ; celui de paix
perpétuelle à Mofcou , 1686 , article 18 , &
les paragraphes 1, 2, 4, 5, 10 & 19 du Traité de 1705 à Varfovie. Cependant jamais
Traité ne fouffrit d'infractions plus fenfibles ;
ni aucun commerce ne fût expofé à d'auffi
grands préjudices , que ce qui a été fouffert
par les fujets de la Ruffie, pendant près d'un
fiècle , de la part de la République & de fes
fujets. Ce n'eft point ici une allégation pour
prévenir le public , ni une accufation fans titre ; c'eft un fait inconteftable , prouvé par les
documens les plus authentiques & par des milliers de témoins oculaires. C'eft fur ce qui de-
meure conftant par l'expérience journalière,
que la Ruffie impute à l'Etat , à fes membres
& à fes fujets , la ruine totale du commerce

entre les deux Nations, que la cupidité & l'intérêt de leur part a caufée avec la violation la
plus manifefte des Traités; & elle leur impute
en même tems d'avoir autorifé, favorifé, &
fouvent établi eux-mêmes les innovations fuivantes contre la teneur des Traités, & de n'a-
voir jamais entendu à aucun redreffement ni
réparation, quelques inftances qui leur en
ayent été faites de la part de la Ruffie.

I°. Contre la teneur des Traités ci-deffus
cités, non-feulement la République a changé
arbitrairement les lieux fixés pour les douanes,
mais encore elle en a augmenté le nombre;
ce qui a caufé des entraves, des gênes & des
pertes confidérables au commerce des Ruffes,
foit fur le Dnieper, foit fur la Dwina. L'in-
convénient de la multiplication de ces bureaux
fe trouve encore accru par le manque de réglement ou de tarif, parce qu'il eft abfolument laiffé à la difcrétion des Employés, dont
le nombre eft prodigieux à chaque bureau, de
fixer, d'augmenter ou de baiffer la douane felon les circonftances, ou, pour mieux dire,
felon leur caprice & leur cupidité particulière.
Auffi la dénomination feule de tous les droits
que ce nombre prodigieux d'Employés fe fait
payer, montre-t-elle autant l'injuftice de ce

titre, que la rapacité des mains où ils paſſe..
Ce ſont des caſuels, des donatifs, des diſcré-
tions, des préſens, des droits de tour, droits
du Vayvode, droits de Vice-Vayvode, du Sta-
roſte, des Officiers aux douanes, des Aſſiſtans,
Receveurs, Reviſeurs, bas-Officiers & Soldats
de garde, droits de tournée, droits d'Expédi-
teurs; enfin il n'y a pas juſqu'à l'Exécuteur de
la haute-Juſtice pour lequel il y a un droit à
payer. De ſorte qu'actuellement, ces concuſ-
ſions, ces pillages & déprédations, ſur tous les
navires qui deſcendent la Dwina chargés des
productions du pays, en font monter les droits
à 500 pour cent au-deſſus de ce qu'ils étoient
encore il y a quarante ans, & alors ils étoient
déjà hors de leur vrai taux.

IIº. Un exemple auſſi pernicieux ne manque
pas d'être ſuivi par la Nobleſſe de tout état le
long du Dnieper & de la Dwina, ſans qu'à
celle-là il appartienne le moindre droit de lever des douanes, des acciſes ou autres impôts.
Elle s'eſt d'autant plus enhardie à accroître
graduellement ſes excès, que quelque repré-
ſentation qui ait été faite contr'elle, elle n'en
a jamais été repriſe ni punie. Loin de cela,
les ſujets de la Ruſſie qui ont été ſolliciter juſtice dans les Tribunaux de la Pologne, ont eu

des frais immenfes à fupporter, & fouvent ont été condamnés à des punitions corporelles. Dans ce même efprit de rapine, la Nobleffe qui a fes terres le long de ces rivières, & les Juifs, leurs fermiers, fous prétexte de vérifier les acquits des douanes, arrêtent les navires chargés de marchandifes, les font ancrer au rivage, & prennent après, de force, tout ce qu'ils veulent, pour le prétendu droit d'étape. Souvent ils leur refufent des pilotes jufqu'à ce que les eaux foient baffes; & alors ceux qu'ils leur donnent les conduifent fur les fables ou fur des rochers cachés fous l'eau, afin qu'eux & leurs maîtres puiffent à leur gré piller les navires quand ils ont fait naufrage, & extorquer des payemens exceffifs pour le droit de fauvetage & de dépôt; car en contravention au contenu précis du paragraphe 4 de l'article 19 du Traité de Varfovie de 1705, ils ne permettent jamais aux propriétaires des navires naufragés, de fauver eux-mêmes leurs effets; quelquefois ils pouffent l'excès & l'inhumanité, jufqu'à faire payer pour la pierre contre laquelle le vaiffeau s'eft brifé.

III°. Le commerce par terre n'eft pas expofé à moins de chicanes & de contributions de la part de la Nobleffe, le long des grandes

routes & des chemins de traverfe. Ces Gentilshommes extorquent des marchands des
fommes exceffives, fous le nom de douanes,
d'accifes, de traites, de péages; & fi le mar-
chand veut prendre la route la plus courte
& la plus facile, ils le forcent à prendre la
plus mauvaife & la plus difficile, le font paffer fur des ponts ruinés ou fur de méchans ra-
deaux.

IV°. Une fource des pertes les plus fréquentes & les plus grandes que le commerce a à
fouffrir, c'eft la mauvaife foi de beaucoup de
Gentilshommes Polonois, qui contractent avec
les marchands de Riga, ou d'autres villes de
Ruffie, pour la vente du bois & d'autres den-
rées, & qui ayant pris de l'argent d'avance,
fouvent la moitié du prix, non-feulement n'e-
xécutent rien du contrat, mais encore fouvent
retiennent l'avance dont ils font nantis, fous
mille faux prétextes; comme celui de dire,
qu'ils ont des prétentions d'une égale valeur fur
les marchands de telle ou telle ville de Ruffie.
Malgré que la fûreté du commerce foit garantie par tant de Traités, la Nobleffe Polonoife,
qui ne connoît ni frein, ni règle, arrête fur
les routes les marchands Ruffes & leurs fac-

teurs, les pille & leur enlève leur argent, fouvent fans l'ombre de prétexte ; d'autres fois, pour des prétentions qui ne les regardent en au.une manière. Cela n'eft pas affez ; fouvent ils enferment ces marchands fur leurs terres dans des cachots obfcurs, où ils leur font éprouver leurs plus cruels tourmens. Il y en a des exemples fans nombre , & de tous récens ; & la juftice que ces malheureux vont chercher à grands frais dans les Tribunaux, & qu'ils n'obtiennent jamais , ne fait que confommer leur ruine. Par toutes ces violences , ces fraudes, ces vexations odieufes & injuftes , ces vols manifeftes & ce déni perpétuel de toute juftice, il confte , par les documens les plus fûrs , & prefque tous fondés fur des actes juridiques, que les marchands de Riga, feuls, ont fouffert un dommage de plus d'un million d'écus Alberts, & les commerçans des autres villes trois fois plus.

Voilà quelles font les prétentions auffi juftes qu'importantes de la Ruffie ; la reftitution de deux terreins immenfes enlevés contre la teneur des Traités , & les intérêts légitimement dûs pour une poffeffion dont fes fujets ont été fruftrés fi long-tems ; la reftitution de fujets féduits, enlevés ou recélés, dont le nombre forme un objet trop confidérable, pour que l'Etat n'y pourvoie pas ; la réparation de tant de torts & de dommages faits à la noblefle, aux monaftères & enfin au commerce, contre la teneur des Traités, à quoi on pourroit encore ajouter bien d'autres titres & prétentions, qui ne feroient pas d'une médiocre confidération.

Après les dépenfes confidérables en hommes & en argent qu'a coûté à l'Empire de Ruffie fon affiftance à la Pologne, pour la fauver de la fureur de fes propres citoyens, & qui, au lieu de reconnoiffance, n'a produit qu'un renouvellement de cette même fureur, jufqu'à menacer de l'écroulement total de l'Etat ; c'eft un acte de générofité, que, de concert avec les deux Puiffances voifines de la Pologne, la Cour de Ruffie fe foit prêtée à mettre fin à l'anarchie qui la défoloit, & à lui affurer une exiftence mieux réglée, plus heureufe & plus tranquille. Après la perte irréparable en hommes & en argent que lui caufe une guerre injufte, dont les Polonois font les feuls inftigateurs, il doit paroître bien modéré que Sa Majefté Impériale de toutes les Ruffies

se borne à n'exercer que des droits aussi incon‐
testables que les siens, & à se procurer la répa‐
ration de dommages que jamais un Etat ne
peut refuser à l'autre, & qu'ici rien ne soit
aggravé par la vengeance la plus juste.

LES DROITS

DE SA MAJESTÉ

LE ROI DE PRUSSE,

COMME MARQUIS DE BRANDEBOURG,

SUR LE DUCHÉ

DE POMÉRELLIE,

Et plusieurs autres Districts du Royaume

DE POLOGNE;

AVEC LES PIÉCES JUSTIFICATIVES.

LES

LES DROITS

DE SA MAJESTÉ

LE ROI DE PRUSSE,

COMME MARQUIS DE BRANDEBOURG,

SUR LE DUCHÉ

DE POMÉRELLIE,

Et plusieurs autres Districts du Royaume

DE POLOGNE;

AVEC LES PIÈCES JUSTIFICATIVES.

Pour peu qu'on soit instruit de l'ancienne histoire du Nord de l'Europe, on ne sauroit ignorer que la Couronne de Pologne possède plusieurs provinces considérables, qui, par leur origine primitive, devroient appartenir au corps de l'Etat de la Maison Electorale de Brandebourg, & que cette sérénissime Maison est en droit de revendiquer en tems & lieu. Telle est :

I°. La Pomérellie, Palatinat de Pologne, qui est situé entre les rivières de la Vistule &

de la Notecz ou Netze, la Mer Baltique & la Poméranie Brandebourgeoife.

Dès les premiers tems que la poffeffion des Etats a commencé à devenir héréditaire en Europe, ce Duché a été le patrimoine des Ducs de Slavie & de Poméranie, dans les droits defquels, après l'extinction de cette famille Ducale, les Electeurs de Brandebourg ont fuccédé, comme il eft notoire. Le public pourra juger d'un coup d'œil, de l'injuftice avec laquelle les Souverains de la Pologne ont enlevé la Pomérellie aux anciens Ducs de Poméranie, fi on lui préfente un précis fuccinct de l'hiftoire de ce pays, qu'il faudra pourtant reprendre dès fon origine.

Il eft connu que lorfque les Goths, les Vandales, les Francs, les Angles, les Longobards, & tant d'autres Nations Germaniques, qui ont détruit l'Empire Romain, & fondé prefque toutes les Monarchies modernes de l'Europe, eurent quitté leur ancienne patrie, les bords de la Baltique, de la Viftule, de l'Oder & de l'Elbe, la Nation Sarmatique des Slaves ou Vénedes occupa ces régions abandonnées, & établit entre l'Elbe & la Viftule un puiffant Empire, fubdivifé entre plufieurs états, dont le principal fut celui qui comprit la Poméranie moderne, la Pomérellie, la Nouvelle-Marche , & la Marche Ukeraine. Les Souverains de cet Etat indépendant furent affez puiffans, pour être appellés par les anciens Hiftoriens du Nord (1), *Kongur of Vindlandi*, Rois de la Vénedie. C'eft ainfi que Miftevoi & Buriflas ou Bogiflas, Rois des Vénedes, ont fignalé leurs noms dans l'hiftoire du dixième fiècle. La généalogie certaine , & non interrompue, des Ducs de Poméranie, ne commence pourtant qu'à Svantibor I , mort en 1107, qui a laiffé quatre fils, dont deux ont été fondateurs des deux principales branches des Ducs de Poméranie. Wratiflas I , qui fut converti au chriftianifme par Otton, Evêque de Bamberg, commença la ligne des Ducs de Poméranie, de Slavie & de Caffubie, établis tantôt à Stettin, tantôt à Wolgaft, Demmin ou autre part, qui poffédèrent tout le pays depuis les confins de Mecklenbourg jufqu'à la petite rivière de Grabo , près de la ville de Slave, région appellée alors la Slavie & la Caffubie, & y réunirent enfuite le Diftrict entre les rivières de Grabo & de Léba , avec le titre de Ducs de Poméranie, après l'extinction de

____

(1) Helmold, Snorro Sturlefon, Oddo. Schwartz Hift. féodale de la Poméranie.

la ligne des Ducs de ce nom établis à Dantzig (1). Cette première branche, après avoir
été souvent divisée & réunie, a duré jusqu'à
Bogislas XIV, dernier Duc de Poméranie, lequel étant décédé en 1637 sans héritiers mâles, la succession de toute la Poméranie passa à
la Maison Electorale de Brandebourg, en vertu
des anciens pactes conclus entre les deux Mai-
sons. Bogislas I, second fils de Svantibor I,
fonda la ligne des Ducs de Pomérellie, qui
possédèrent le pays entre la Grabo, la Vistule
& la Netze (2), ou la Poméranie proprement

---

(1) Pour se convaincre de la vérité de toutes ces
circonstances, on n'a qu'a lire avec attention le Code
Diplomatique de Poméranie de feu M. de Dreger,
dont le Tome premier, qui va jusqu'à l'an 1269, est
imprimé ; les autres Tomes sont encore en manus-
crit. Ce recueil d'anciennes Chartres est tiré des Archives des Ducs & des Couvents de Poméranie,
aussi-bien que des Archives du Brandebourg & de
la Prusse, & mérite par conséquent toute foi.

(2) Cette possession se vérifie également par le
Code Diplomatique de Poméranie. Les limites de la
Pomérellie alloient du tems des anciens Ducs, plus
loin qu'aujourd'hui, & s'étendoient jusqu'à la Netze,
ce qui est non-seulement attesté par les Historiens de
Poméranie, *Micral. L. II.* § *67.* Mais la vérité de
cette assertion se prouve aussi par des circonstances
non contestées ; telles que lesdits Ducs ont long-

dite (1), ayant la ville de Gdansk ou Dantzig
pour réſidence; & cette branche fut continuée

---

tems. poſſédé & défendu contre les Polonois les
villes de Nakel & de Czarnikow, ſituées l'une &
l'autre ſur les rives de la Netze, *Micral.. Boguphal* &
Baʒko dans. le Recueil de *Sommersberg*, T. I, p. 61,
67, 68; les deux derniers ſont des hiſtoriens Polonois du treizième ſiècle.

(1) Quand on examine le Code Diplomatique de
Poméranie, on trouve que vers la fin du douzième
ſiècle, où commencent les Chartres de Poméranie,
& au commencent du treizième les Ducs de Stettin
portoient dans leurs. Chartres tantôt le titre de Ducs
de *Slavie*, tantôt celui de Poméranie, tantôt ils
réuniſſoient même les deux titres; dans la ſeconde
moitié du treizième ſiècle, ils ſe ſervoient ordinai-
rement du titre de Ducs de *Slavie* & de *Caſſubie*, &
n'y ajoutoient que rarement celui de *Poméranie*;
mais après l'extinction de la ligne de Dantzig, &
ſur-tout depuis l'an 1316, après avoir conquis le
pays entre la Grabo & la Léba, ils ont conſtamment
ajouté aux titres de *Slavie* & de *Caſſubie* celui de
Poméranie, qui depuis eſt devenu leur titre principal & celui de tout leur Duché. D'un autre côté
les Ducs de Dantzig, poſſeſſeurs du territoire entre
la Grabo & la Viſtule s'appelloient preſque toujours
Ducs de Poméranie, & même quelquefois *de toute la
Poméranie*. Ces obſervations combinées, vérifient ce
qui a été avancé ci-deſſus dans le texte, & principalement : que la région entre le Mecklenbourg
& la Grabo, étoit la Slavie & la Caſſubie; que

en ligne directe par Subiflas I (1), Meftvin I,

---

celle depuis la Grabo jufqu'à la Viftule étoit la Poméranie, & que les Ducs de Slavie ou de *Stettin* avoient un droit inconteftable fur le pays des Ducs de Dantzig ou la Poméranie, lequel ils ont dénoté & confervé, en fe fervant fouvent du titre de Poméranie pendant que la ligne de Dantzig exiftoit, & en fe l'appropriant conftamment après l'extinction de cette ligne & la conquête d'une partie de fes poffeffions délaiffées. L'autre partie de la fucceffion des Ducs de Dantzig, que les Chevaliers Teutoniques & enfuite les Rois de Pologne ont ufurpée, a auffi gardé le nom de Poméranie dans tous les actes publics jufqu'à nos tems ; ce n'eft que dans la vie commune & abufivement qu'on l'appelle Pomérellie, dénomination qu'il faudra pourtant garder ici, pour diftinguer ce pays du Duché de Poméranie que la maifon de Brandebourg poffède déjà depuis la paix de Weftphalie.

Le nom de *Slaves* étoit le nom général de toute la nation Vénede, dont les Poméraniens faifoient une nation particulière, & a été traduit en Allemand par celui de Wenden, ce qui fe vérifie par la circonftance, que les Souverains de Poméranie qui, dans les Chartes latines, s'appellent *Duces Slavorum* ou *Slaviæ*, y fubftituent toujours dans les Chartes Allemandes, le titre de Ducs de Vénedes *Hertzoge von Wenden*, obfervation qui doit décider la difpute littéraire fur l'origine du titre de Wenden, qui fe trouve dans les titres de la Maifon de Brandebourg.

(1) Fondateur de la célèbre Abbaye d'Oliva, près

& Svantepolc jufqu'à Meftvin II , qui décéda
en 1295 fans héritiers mâles , en ne laiffant
que des filles. Cette feconde branche des Ducs
de Poméranie étant donc éteinte , leur fucceffion , & par conféquent la poffeffion de la Pomérellie , devoit naturellement retomber aux
Ducs de Slavie & de Poméranie , de la branche de Stettin , en qualité de plus proches coufins & héritiers collatéraux de Meftvin , dernier Duc de Pomérellie , comme on le prou-
vera encore plus amplement ci-deffous , pour
ne pas interrompre ici le fil de l'hiftoire ; mais
ils en furent exclus par les artifices & les forces fupérieures de Prémiflas II , Duc de Pologne, qui , parent de Meftvin du côté des femmes , & plus agréable à la Nobleffe Vénede de
la Pomérellie par la reffemblance de la langue & des mœurs , que les Ducs de Stettin ,
prefque germanifés , avoit trouvé moyen de fe
faire défigner , du vivant de Meftvin II , pour
fon fucceffeur. A la mort de ce Prince , arrivée
en 1295 , Prémiflas s'empara de tous fes Etats,
& prit , à l'occafion de cette conquête , le titre
de Roi de Pologne , n'ayant porté jufques-là

---

de Dantzig , où l'on voit encore les tombeaux & les
maufolées des Ducs de Poméranie de cette branche.
Schütze ; Hiftoire de Pruffe.

que celui de Duc. Il fut tué l'année 1296 par
fes compétiteurs les Marggraves de Brandebourg. Vladiflas Loctec & Wenceflas, fes fuc-
cefleurs au Trône de Pologne, continuèrent
encore pendant quelque tems à ufurper la Pomérellie ; mais ils en furent dépofledés après
l'an 1306, tant par les Marggraves de Brandebourg, que par l'Ordre Teutonique, ce qui
exige une courte digreflion. Les Marggraves
de Brandebourg, qui dès, ou même avant (1)
l'aflociation de la Slavie à l'Empire d'Allemagne, laquelle fe fit en 1181 ou environ,
avoient été établis par les Empereurs pour Seigneurs *fuzerains* des Ducs de Slavie & de Poméranie, & que ces Ducs avoient reconnus
pour tels (2), réclamèrent après la mort de

----

(1) V. Helmold, dans fa Chronique des Slaves.
L. I, c. 65.

(2) Cette vérité fortement conteftée par les Hiftoriens Poméraniens, eft à préfent conftatée par les
Diplomes d'inféodation, que les Empereurs Frédéric II. & Adolphe de Naffau ont donnés en 1231 &
en 1295 aux Marggraves de Brandebourg, & dont
les originaux fe confervent encore dans les Archives
de Berlin (a). Les Empereurs y confirment expreffé-

(a) On en trouvera une copie exacte parmi les piéces juftificatives, N°. I.

Meſtvin II la poſſeſſion de la Pomérellie, comme d'un fief vacant qui leur étoit dévolu. Ils firent auſſi la guerre, pour cet effet, au Roi de Pologne, Primiſlas II, qu'ils tuèrent en 1296; mais ce ne fut qu'après l'an 1306 qu'ils parvinrent à déloger les Polonois de la plus grande partie de la Pomérellie, excepté de la ville de Dantzig; & ils ne firent auſſi cette conquête, que pour la céder bientôt après à l'Ordre des Chevaliers Teutoniques. Ces Chevaliers ayant été chaſſés de la Paleſtine par Saladin, allèrent

---

ment aux Marggraves de Brandebourg, le fief du Duché de Poméranie, que leurs prédéceſſeurs avoient obtenu des Empereurs précédens; & il eſt à remarquer que le Roi Adolphe le fit en 1295, la même année où mourut le dernier Duc de Pomérellie. Dans cette qualité de Seigneurs Suzerains de la Poméranie, les Marggraves confirmèrent les priviléges des Villes & des Couvents de ce pays, & les principales tranſactions qui s'y firent (*a*). Les Ducs de Poméranie des deux lignes reconnurent auſſi ce vaſſelage comme Barnim I, Duc de Stettin en 1250 (*b*), & Meſtvin II, Duc de Pomérellie en 1269 & 1273, par les tranſactions les plus ſolemnelles (*c*); mais

(*a*) Voyez le Code Diplomatique de Poméranie T. I, p. 224, 387, 544.

(*b*) *Ibid.* pag. 324, 335.

(*c*) *Ibid.* pag. 546, Code Diplomatique de Brandebourg, publié par M. Gerike, T. I, p. 208, 213, 249.

s'établir en Allemagne & ensuite en Pologne, où les Ducs de Mafovie les appellèrent à leur fecours contre les Pruffiens payens. Après avoir fait, dans le treizième fiècle, la conquête de toute la Pruffe, ils jettèrent bientôt leurs vues ambitieufes fur les pays voifins, & en particulier fur la Poméranie. Ratibor & Sambor, Princes cadets de la Maifon Ducale de Pomérellie, étant entrés dans l'Ordre Teuto-

---

comme les Ducs de Poméranie fupportoient impatiemment d'être ainfi fubordonnés aux Marggraves de Brandebourg, ce droit de Suzeraineté a été changé enfuite par des conventions, en droit de fucceffion. Sans vouloir entrer dans le détail de cette fameufe conteftation, qui a caufé tant de guerres pendant deux fiècles, & fur laquelle plufieurs écrivains recommencent fouvent fans néceffité une guerre de plume, on fe contente d'en alléguer ici l'effentiel, pour vérifier la jufte induction, que ni les Ducs, ni les États de Pomérellie ne pouvoient donner cette province aux Polonois, au préjudice des Seigneurs Suzerains les Marggraves de Brandebourg. Les Empereurs avoient fans doute établi ces Marggraves pour Seigneurs Suzerains de la Slavie, afin de contenir d'autant mieux les Princes Vénedes nouvellement affujettis & trop éloignés du centre de l'Empire. En général, les Marggraves de Brandebourg furent dès les premiers tems égaux aux quatre Grands Ducs d'Allemagne, favoir ceux de Saxe, de Baviere,

nique, & lui ayant légué leur héritage, le Duc Meſtvin II fut obligé de céder à l'Ordre, en 1282, la ville & le territoire de Meve (1). Après la mort du Duc Meſtvin II, les Chevaliers Teutoniques aſſiſtèrent les Polonois contre les Marggraves de Brandebourg ; mais ayant été admis à Dantzig pour concourir à défendre cette ville, ils en chaſsèrent la garniſon Polonoiſe ; & pour ſe procurer des titres plus forts ſur la Pomérellie, ils s'accommodèrent avec le Marggrave Valdemar, de ſorte que ce Prince leur vendit ; par un Traité conclu en 1311,

---

de Suabe & de Franconie, & ils jouèrent pendant le douzième & le treizième ſiècle, dans toutes les guerres & affaires du Nord un rôle ſinon ſupérieur, du moins égal à celui des Rois leurs voiſins. C'eſt ainſi que Valdemar Marggrave de Brandebourg combattit à la fois & avec ſuccès toutes les Puiſſances du Nord, & fut trouvé aſſez redoutable pour que les Rois de Suéde, de Danemarck, de Norvége, de Pologne & de Hongrie, les Ducs de Poméranie, de Mecklenbourg & d'autres Princes & Villes conſidérables ſe liguaſſent contre lui, comme on peut le voir par le Traité d'alliance de ces Princes de l'an 1315, que le Chancelier Huitfeld a publié dans ſon Hiſtoire de Danemarck.

(1) Code Diplom. de Pologne, du P. Dogiel, Tom. IV, p. 31, 32.

au prix de dix mille marcs d'argent & de la
participation à leurs bonnes œuvres, une grande partie de cette Pomérellie ; favoir, les villes de Dantzig, de Dirfchau & de Svecz,
avec les territoires y appartenans (1), en gardant pour lui le Diftrict de Lauenbourg, Bu-
tov, Stolpe, & Slave, ou la région fituée entre les rivières de Léba & de la Grabo (2).
Après s'être ainfi emparé de la plus grande
partie de la Pomérellie, l'Ordre ne tarda pas
auffi à en acquérir le refte par des voies pareilles, comme par la ceffion des Rois de Bohême,
qui prétendoient à la Couronne de Pologne,
& par l'achat de terres nobles. Les Rois de
Pologne continuèrent à lui contefter cette Province, auffi-bien que celles de Culm & de
Michelow, qu'ils prétendoient avoir été démembrées de la Pologne, d'où réfultèrent ces
guerres fanglantes, qui, recommencées auffi-
tôt que finies, ont duré plus d'un fiècle. Les

---

(1) Code Diplom. de Pologne, T. IV, p. 39,
Codes Diplom. de la Pruffe & de la Poméranie en
manufcrit.

(2) Voyez dans le Code Diplom. de Poméranie,
le Traité de Démarcation de 1313, & un grand
nombre de Chartres que Valdemar a fait expédier
dans ce diftrict après la vente fufdite.

Chevaliers fe défendirent long-tems & fi bien, que les Rois de Pologne furent obligés de renoncer, non-feulement à la poffeffion, mais auffi au titre de la Pomérellie, par un grand nombre de Traités de paix, dont les plus remarquables font ceux de 1343 & de 1436, qui font qualifiés d'éternels ; mais, à la fin, prefque toute la Pruffe s'étant révoltée, en 1453, contre l'Ordre Teutonique, à l'inftigation des Polonois, qui ne balancèrent pas à rompre, à toute occafion, leurs Traités de paix éternels, il s'enfuivit une guerre malheureufe pour l'Ordre, qui fut terminée par le Traité de paix de Thorn, conclu en 1466, par lequel l'Ordre Teutonique fut obligé de céder à Cafimir, Roi de Pologne, les Diftricts de Marienbourg, de Culm, de Michelow & de Pomérellie, en ne gardant pour lui, à titre de Fief de la Pologne, que la partie de la Pruffe qui a été tranfmife enfuite, par le Traité de 1525, conclu entre le Roi Sigifmond & le Marggrave Albert, dernier Grand-Maître de l'Ordre, à la Maifon de Brandebourg, & qu'elle pofsède encore. Les Rois de Pologne ont depuis poffédé les Diftricts fus mentionnés, & en ont formé dés Palatinats, qui portent encore aujourd'hui les noms de Palatinats de Marienbourg, de Culm & de Poméranie, comme on appelle toute cette Province la Pruſſe Polonoiſe.

Ce précis de l'hiſtoire de la Pomérellie, que tout connoiſſeur trouvera conforme à la plus exacte vérité, & fondé ſur la foi des hiſtoriens les plus accrédités, & des chartres & monumens authentiques, qui ſeuls doivent ſervir de guide dans l'hiſtoire ténébreuſe du moyen âge (1), pourroit ſuffire pour convaincre le public impartial, de l'injuſtice avec laquelle les Chevaliers Teutoniques, & enſuite les Rois de Pologne, ont uſurpé la Pomérellie ſur les Ducs de Poméranie. On ajoutera cependant encore quelques obſervations détachées, & des argumens propres à fortifier cette aſſertion, & à écarter tout ſujet de doute. Il

---

(1) On pourroit munir chaque paſſage de citations, mais comme il en réſulteroit une trop grande prolixité, il ſuffira d'indiquer ici en général, que ce précis eſt tiré de quatre *Codes Diplomatiques*, ou Recueils de Chartres de la Pologne, de la Pruſſe, de la Poméranie & du Brandebourg; de la Chronique de Pruſſe écrite par *Schutʒe* ſur la foi des Archives de Dantzig; de la Chronique d'Oliva & des Hiſtoriens Poméraniens, *Klemʒen*, *Kanʒow*, *Micralius* & *Schwartʒe*, dont le dernier a écrit avec beaucoup d'exactitude, & a muni ſon hiſtoire de toutes les preuves & citations néceſſaires.

faut commencer par répéter ici , que lorſque Meſtvin II , Duc de Poméranie, de la ligne de Dantzig , mourut en 1295 ſans deſcendans mâles , les Ducs de Slavie & de Poméranie , Bogiſlas & Otton , établis , l'un à Stettin & l'autre à Wolgaſt, étoient ſes plus proches couſins & parens collatéraux , comme iſſus d'une tige commune , ſavoir de Svantibor I (1). Ils

---

(1) Une table généalogique ſera fort propre à répandre du jour ſur la ſucceſſion des Ducs de Pomérellie.

Svantibor I , Duc de Poméranie & de Slavie , † en 1107.

Wratiſlas I, Duc de Sla-   Bogiſlas I, D. de Pomé-
vie , † en 1136.   rellie , † 1150.
Bogiſlas I , † en 1187.   Subiſlas , † 1187.

Bogiſlas II , † en 1222.   Meſtvin I ,   † 1220.   Une fille mariée à
                                                                              Barnim I , Duc
                                                                              de Slavie.

Barnim I , † en 1278. ——————————— Uladiſlas, D. de
——————— Svantepolc. Sambor. Ratibor.   Pologne.
Bogiſlas III. Otton I. Hélene.   en 1266.   I
D. de Wolgaſt. D. de Stettin ,   Primiſlas I.
  † en 1309.   † en 1345.   I
Wratiſlas IV.   Meſtvin II , dernier D.   Primiſlas II , D.
  † en 1326.   de Pomérellie ,   & enſuite Roi
duquel deſcendent tous   † en 1295 , ſans fils.   de Pologne.
les Ducs de Poméranie   † en 1296.
ſuivans   juſqu'au der-   des Princeſſes.
nier Duc Bogiſlas XIV.
  † en 1637.

Cette table généalogique ſe conſerve depuis plus de deux ſiécles dans les Archives de Stettin & de

devoient donc lui fuccéder felon l'ordre de la nature, & celui de la fucceſſion féodale établi & ufité dans la plupart des Principautés, & particulièrement dans le Duché de Poméranie; ils devoient, par conféquent, exclure auſſi tout autre prétendant du côté des femmes, ou par d'autres chefs. Ce parentage & cet ordre de fucceſſion étoient ſi peu douteux dans ce tems-là, que le dernier Duc de Pomérellie, Meſt-vin II, ne balança pas de reconnoître & de confirmer lui-même l'un & l'autre par un Trai-té folemnel de l'an 1264, dans lequel il nom-me Barnim I, Duc de Stettin, fon *confanguin*, (*confanguineum*, *iſſu du même ſang*,) & lui aſſure, après ſa mort, la fucceſſion, non-feule-ment du territoire de Suecz, qui faiſoit alors fon appanage, mais auſſi celle de tous les au-tres Etats qui devoient lui revenir après la mort de fon père le Duc régnant Svantepolc, & de fes frères, & par conféquent de toute la Pomérellie, ne s'en réfervant que la jouiſſanco

---

Berlin; elle eſt fondée fur l'aveu de Meſtvin II, fur la foi d'un grand nombre de Chartres, & fur le té-moignage unanime des Hiſtoriens de Poméranie, dont pluſieurs, tels que Klemzen, Kantzow & Eickſtædtt, font du feizième ſiècle, & ont écrit fur la foi des Archives de Poméranie.

pendant

pendant ſa vie (1). Les Etats de la Pomérellie étoient auſſi tellement perſuadés du droit de la ſucceſſion éventuelle des Ducs de Stettin, que pluſieurs d'entre eux, & particulièrement les Abbayes d'Oliva, de Sannowitz & de Buccow, ſituées dans le territoire du Duc Meſtvin, ſe firent confirmer d'avance, de ſon vivant, & avec ſon conſentement, leurs privilèges & leurs poſſeſſions, par les Ducs de Stettin, qui appellent dans ces mêmes Chartres le Duc Meſtvin, *cognatum*, leur couſin; ce qui prouve de nouveau leur conſanguinité avec lui. Tout comme la confirmation des poſſeſſions des couvens ſitués dans les Etats du Duc Meſt-vin auroit été ſans but & ſans effet, & n'auroit pas été approuvée par ce Prince, ſi lui, auſſi-bien que les Etats de ſon pays, n'avoient pas regardé les Ducs de Stettin comme ſes légitimes ſucceſſeurs éventuels (2). Ces Ducs

(1) Cette Charte qui ſe trouve déja imprimée dans le Code Diplomatique de Poméranie, T. I, p. 477, mérite d'être inſérée en entier à la ſuite de cet expoſé, parmi les piéces juſtificatives, N°. II. Meſtvin y eſt appellé Duc de Suecz de l'endroit de ſon appanage, parce que ſon pere Svantepolc, Duc de Pomérellie vivoit encore.

(2) *Voyez* les Chartes de 1266 & 1268, dans

Tome I. M

avoient donc un double droit de fuccéder en Pomérellie , celui du fang & celui de la convention faite avec Meftvin II , *ex providentia majorum & ex pacto ;* & ils tâchèrent auffi de le conferver & de fe l'affurer d'avance , en fe fervant fouvent du titre de Ducs de Poméranie , du vivant de ceux de Pomérellie (1). Malgré tant de titres refpectables , les Ducs de Stettin furent privés , par les Polonois , de la fucceffion de Meftvin II , fans qu'on en fache les véritables circonftances , par l'éloignement des tems , & faute de chartres & de bons auteurs contemporains. Les hiftoriens de la Poméranie (2) racontent , que Meftvin II fe voyant fans fils , avoit convoqué , quelques années avant fa mort, la Nobleffe de la Pomérellie pour fe défigner un fucceffeur , & leur avoit fortement recommandé fes coufins les Ducs de Stettin ; mais que cette Nobleffe, qui étoit encore toute Vénede , & qui avoit été gagnée par les corruptions du Palatin Svenzo ,

---

le Code Diplomatique de Poméranie , T. I , p. 501 , 512 & 532 , & fur-tout celle de 1291 , qui fe trouve ici parmi les piéces juftificatives N°. III.

(1) *Voyez* ci-effus la note , page 165.

(2) Micrælius , p. 185. Eickftædt , Kantzow, &c.

en faveur du Duc de Pologne , lui avoit déclaré qu'un Prince Polonois , avec lequel ils
avoient la même langue & les mêmes mœurs ,
leur convenoit mieux que les Ducs de Stettin ,
qui avoient adopté les mœurs & la langue des
Allemands , & qui avoient chaffé ou opprimé
leurs confrères Vénedes ; qu'en conféquence ladite Nobleffe avoit élu pour fon Souverain futur
le Duc de Pologne , Primiflas II , & que Meftvin II avoit eu la foibleffe d'y acquiefcer.
Dlugoffe (1) , hiftorien Polonois du quinzième
fiècle , d'ailleurs très-fabuleux , avance de même , que Meftvin II fe voyant fans enfans ,
avoit nommé pour fon fucceffeur le Duc Primiflas de Pologne , à caufe de fon parentage ,
& parce qu'il étoit de la même nation. Si ce
récit des hiftoriens de Poméranie & de Pologne , qui d'ailleurs n'eft fondé ni fur aucun
auteur contemporain , ni fur des documens ,
mais feulement fur une tradition vague , étoit
exactement vrai , il n'en réfulteroit pourtant
aucun droit aux Polonois fur la Pomérellie ,
puifque ni les Etats de ce pays , ni le Duc
Meftvin ne pouvoient , par leur choix , déroger
aux droit du fang & de convention antérieurs
& plus forts , qu'avoient les Ducs de Stettin ,

____

(1) Liv. VII , an. 1290.

ni à la fuzeraineté reconnue des Marggraves de Brandebourg. La reſſemblance de leur langue & de leurs mœurs avec celles des Polonois, ne pouvoit en fournir une raiſon légitime, non plus que le parentage du Duc de Pologne avec le Duc Meſtvin, lequel très-éloigné, & ne venant que du côté des femmes, ſelon la généalogie ſuſdite, devoit toujours céder aux droits des collatéraux maſculins, les Ducs de Stettin, ou même ſi la ſucceſſion féminine avoit pû avoir lieu au parentage & au droit, moins éloigné, des filles du Duc Meſtvin II (2). Auſſi les Rois de Pologne ſe font-ils ſi peu fiés à ces titres de parentage & d'élection volontaire, qu'on ne trouve pas qu'ils les ayent fait valoir dans les conteſtations qu'ils eurent enſuite avec l'Ordre Teutonique ſur la Pomérellie; mais lorſque le Roi Caſimir eut à produire ſes titres, & à les débattre dans les conférences de paix tenues à Thorn en 1464, devant l'Evêque de Lubec, comme médiateur; tout ce que les Commiſſaires Polonois allé-

---

(1) Il ſeroit ſuperflu d'examiner ici, à qui les filles du Duc Meſtvin II. ont été mariées, puiſqu'elles n'ont pas prétendu à la ſucceſſion des États de leur pere. Selon les Chartres, une a eu pour mari Pribiſlas, Seigneur de Belgard.

guèrent, se réduisit à ce que *Lech*, le fondateur de la Monarchie Polonoise, avoit peuplé
la Pomérellie comme la Pologne ; que les villes & les villages de ce pays avoient des noms
Polonois, & que les Evêques de Pologne y
jouissoient du droit diocésain (1). Des raisons
si foibles méritent à peine d'être réfutées (2).
Les Polonois ne pourront aussi jamais prouver
par de bons auteurs contemporains ou par des
chartres authentiques, que les derniers Ducs
de Pomérellie ont été vassaux de la Pologne,

---

(1) *Schütz*, dans la Chronique de Prusse, fol. 313,
a exposé au long, & d'après les actes, cette déduction des Polonois, aussi-bien que la réponse de
l'Ordre.

(2) Les connoisseurs de l'Histoire sont convaincus que le Conte de *Lech* n'est qu'une tradition fa-
buleuse d'Auteurs très-récents, ce que reconnois-
sent même les meilleurs historiens Polonois, tels
que *Legnich*, Hist. Polon. p. 5 ; & quand il seroit
fondé, il n'en sauroit résulter un droit de succession
sur un pays, non plus que de la ressemblance des
noms des endroits, ou du droit diocésain des Evêques : la Hongrie, la Bohême & d'autres pays se
trouveroient dans le même cas ; de sorte que ce rai-
sonnement prouve trop, & porte par conséquent à
faux.

ni en dériver la fucceffion de Primiflas II (1).
Dlugoffe, & les meilleurs hiftoriens Polonois,
ne l'ont fondée que fur la libre élection des
Etats du pays, fans ofer réclamer le titre de la
fuzeraineté des Rois de Pologne fur la Pomérellie ; & fi ces Rois avoient même eu cette

---

(1) Les hiftoriens Polonois, tels que *Kadbluko*,
Boguphal, *Bazko*, qui font du treizième fiécle, *Dlugoffe*, du quinzième, & ceux qui les ont copiés, racontent avec beaucoup d'emphafe & de détail, que
les Rois de Pologne du dixième & onzième fiècle,
fur-tout Boleflas Krzivoufti avoient fubjugué toute
la côte maritime de la Baltique, & conféré la Poméranie à titre de vaffelage à des Princes de la famille des *Griffons* nommés *Crac* & *Bogiflas*, & enfuite même à *Svantepolc II*, qui s'étoit révolté enfuite ; mais ces Hiftoriens font trop éloignés du tems
dont ils parlent, pour faire preuve : les circonftances
qu'ils rapportent, font ouvertement fabuleufes,
comme toute l'hiftoire ancienne de Pologne, & ne
fauroient fe concilier ni avec les Hiftoriens contemporains, ni avec les Chartres, où l'on ne trouve
aucune trace, ni de ces noms barbares des *Griffons*
& de *Crac*, ni d'aucun vaffelage des Ducs de Poméranie envers la Pologne, fur-tout après que ces
Ducs avoient été affociés en 1181 à l'Empire d'Allemagne, & fubordonnés en quelque façon aux
Marggraves de Brandebourg (*voy.* la Note, p. 168.)

fuzeraineté, ce qu'on n'accorde pas , ils n'en auroient pas eu plus de droit de priver les Ducs de Stettin de la fucceffion de leurs coufins collatéraux , ils auroient pû exiger l'hommage , mais non la fucceffion de la Pomérellie.

***

Il eft plutôt conftaté par la fuite des Chartres dans le *Code Diplomatique de Poméranie* , & par les monumens d'Oliva rapportés dans la *Chronique d'Oliva* & dans celle de *Schütze* , que tous les Ducs de Poméranie depuis Svantibor I , & fur-tout ceux de Pomérellie , depuis Subiflas I , fe font fuccédés dans une ligne non-interrompue , felon la table généalogigue rapportée dans la note , pag. 175 , & par le droit du fang , fans aucune intervention des Souverains de la Pologne. Si ceux-ci ont quelquefois tenté de s'affujettir les Ducs de Pomérellie , ils y ont très-mal réuffi , felon les propres hiftoriens Polonois ; au contraire les Ducs de Pomérellie furent la plupart du tems heureux dans leurs guerres fréquentes avec les Polonois ; & lorfque Lefcon , Duc de Pologne , fit citer le Duc Svantepolc II , comme fon vaffal , à la Diète de Ganfava en 1227 , celui-ci comparut avec une armée , battit les Polonois , & tua même le Duc Lefcon (voyez *Boguphal* , dans le Recueil de *Sommesberg* , T. II , p. 57) , & depuis ce tems-là Svantepolc II , auffi-bien que fon fucceffeur *Meftvin II* , ont toujours agi & négocié en Princes indépendans & égaux à ceux de Pologne , comme on peut voir par un grand nombre de leurs Chartres , dans le *Code Diplomatique de Poméranie* , dont on ne citera

Si la Couronne de Pologne vouloit alléguer que par le Traité de paix de 1466, & par les ceffions que l'Ordre Teutonique lui a faites, elle étoit entrée dans les droits de cet Ordre, qui avoit acquis la Pomérellie, tant par les legs & les ceffions des anciens Ducs, que par la vente des Marggraves de Brandebourg, on lui répond, que l'Ordre Teutonique n'a pu

---

que le Traité de paix fait en 1248, avec l'Ordre Teutonique, p. 270; & le Traité conclu en 1256 avec Primiflas, Duc de Pologne, fur la Poffeffion de Nakel, felon les *Annales de Bazkon* dans *Sommersberg*, T. II, p. 68. Voyez auffi *Schwartz* dans fon *Hiftoire féodale de Poméranie*, p. 70, 168. Comme il a d'ailleurs été prouvé que les derniers Ducs de Pomérellie ont été incontestablement vaffaux des Marggraves de Brandebourg, ils ne pouvoient pas en même tems être Feudataires de la Pologne. Le compilateur du Code Diplomatique de Pologne produit à la vérité des exemples d'hommages prêtés par quelques Ducs de Poméranie à la Pologne; mais ces exemples font du quinzième fiècle, & de beaucoup poftérieurs au tems de la fucceffion de *Meftvin II.* Il paroît auffi que cet hommage n'a été que temporaire, perfonnel & relatif à la guerre, que les Polonois avoient alors avec les Chevaliers Teutoniques, ou aux petites poffeffions de quelques Princes appanagés, qui, par leur exemple, n'ont pas pu obliger les Ducs régnans de Stettin.

tranfporter à la Couronne de Pologne des droits
plus forts que ceux qu'il avoit lui-même, &
qui n'étoient d'aucune valeur, puifque ni les
Marggraves de Brandebourg, ni les Ducs de
Pomérellie, ne pouvoient céder ni vendre la
Pomérellie au préjudice des fucceffeurs légitimes les Ducs de Poméranie.

On a donc fait voir que les Rois de Pologne n'ont acquis aucun titre valable fur la Pomérellie, ni à la mort du dernier Duc Meftvin, ni dans la fuite du tems, & que les Ducs
de Stettin étoient & reftoient toujours les fucceffeurs légitimes des Ducs de Pomérellie;
mais quelqu'inconteftables que fuffent leurs
droits fur cette fucceffion, ils n'avoient pas
affez de forces pour les faire valoir contre la
puiffance des Marggraves de Brandebourg, de
l'Ordre Teutonique & de la Pologne, & ils
furent réduits à les abandonner & à fe retran-
cher fur de fimples proteftations. Cependant
ils n'ont pas laiffé de faifir toutes les occafions
qui fe font préfentées pour revendiquer,
autant que poffible, la Pomérellie. Après la
mort de Meftvin, Bogiflas IV, Duc de Stettin,
occupa le Diftrict de Rugenwalde, & battit
les Polonois près du couvent de Bukow, en
1298. La défunion qui déchira alors la famille Ducale de Stettin, au fujet de la fuccef-

fion de Barmin II , l'empêcha de foutenir ou de pouffer plus loin fes droits fur l'héritage des Ducs de Dantzig ; cependant on trouve que les Ducs de Stettin ont foutenu, en 1306 —— 1308, une guerre très-forte en Pomérellie contre les Marggraves de Brandebourg. Mais le puiffant Valdemar , qui faifoit tête à tout le Nord, n'avoit point de peine à maintenir la Pomérellie contre ces Ducs. Lorfque ce Prince eut la foibleffe de vendre à l'Ordre Teutonique une partie de la Pomérellie , il garda pour lui le Diftrict entre la Leba & la Grabo, où le territoire de Lauenbourg, Butow, Stolpe, Slave & Rugenwalde (1). Wratiflas, Duc de Slavie ou de Stettin, trouva moyen de conquérir, depuis 1313 —— 1317, foit par les armes, foit par des conventions, ce même Diftrict (2),

---

(1) *Voyez* la Note 2 , pag. 172.

(2) Outre le témoignage des hiftoriens Poméraniens, ce fait fe vérifie par les Chartres, les Priviléges , & tous les Actes publics de ce pays-là , qui, depuis cette époque, font tous expédiés au nom des Ducs de Slavie. Ce Duc Wratiflas poffeda auffi le territoire de Butow , & le donna en 1321 à fon Maréchal de Cour de Behr , qui l'a vendu enfuite à l'Ordre Teutonique. Cet Ordre a ainfi de nouveau & injuftement démembré de la Poméranie le Dif-

qui, depuis ce tems-là, eft refté fous la domination des Ducs de Poméranie. Ce fut au même tems, que tous les Ducs de Slavie, tant ceux de Stettin que de Wolgaft, commencèrent à reprendre dans leurs chartres le titre de Ducs de Poméranie qu'ils avoient négligé pendant un fiècle, & de l'ajouter à celui de Slavie & de Caffubie, tant pour marquer la poffeffion qu'ils ont reprife d'une partie de la Pomérellie, que pour conferver par ce titre leur droit fur le refte de cette Province, qui leur étoit détenu. Ils n'ont eu depuis, ni les for-

---

trict de Butow, ainfi que celui de Lauenbourg. Lorfque Cafimir, Roi de Pologne, voulut faire la conquête de la Pomérellie, il donna les Diftricts de Lauenbourg & de Butow en 1453 à Eric, Duc de Poméranie, pour s'affurer l'affiftance de ce Prince; & le Roi Sigifmond I. les donna en 1526 à perpétuité & héréditairement à George & Cafimir, Ducs de Poméranie, tant à caufe de l'affiftance fufdite du Duc Eric, que parce que ces Ducs lui avoient remis 14000 ducats de la dot de leur mere, qui étoit fa fœur. *Voyez* le Code Diplomatique de Pologne, T. I, p. 574 & 583, de forte que les Ducs de Poméranie ont obtenu à titre onéreux la poffeffion des Diftricts de Lauenbourg & de Butow, laquelle a été tranfportée enfuite à la Maifon de Brandebourg, par le traité de Bidgoft de l'an 1657.

ces, ni les occasions de revendiquer leurs droits sur la Pomérellie ; mais ils n'y ont jamais expressément renoncé : & comme la possession des Polonois a été vicieuse dès son origine, les Ducs de Poméranie ont transmis leurs droits à leurs successeurs les Electeurs de Brandebourg. Il est connu que le droit de suzeraineté ou de supériorité féodale, que les Marggraves de Brandebourg ont eu autrefois sur la Poméranie, ayant été changé par les Traités ou unions héréditaires de 1338 & de 1529 en expectative, ou droit de succession éventuelle, & Bogislas XIV, dernier Duc de Poméranie, de l'ancienne ligne Vénede, étant mort l'an 1637 sans descendans, les Electeurs de Brandebourg, comme ses héritiers universels, ont succédé dans le Duché de Poméranie, à l'exception de la partie qui en a été cédée à la Couronne de Suède par le Traité de Westphalie, & ont par conséquent hérité tous les droits de toutes les prétentions légitimes des anciens Ducs de Poméranie. Il en résulte que le Roi, comme Electeur de Brandebourg & Duc de Poméranie, est fondé à revendiquer en tems & lieu les Droits que ses prédécesseurs les Ducs de Poméranie, ont eu de tout tems sur la Pomérellie.

Si on vouloit objecter que les anciens Marggraves avoient vendu la Pomérellie à l'Ordre Teutonique, & que Sa Majefté ne fauroit revenir d'une vente faite par fes prédéceffeurs, on peut répondre que ces Princes ont vendu les Droits qu'ils avoient comme Marggraves de Brandebourg, mais qu'ils n'ont pu ni voulu vendre d'avance des droits différens, que leurs fucceffeurs ont acquis long-tems après par la fucceffion des Ducs de Poméranie, lefquels Droits étoient, de beaucoup, plus forts que ceux que les anciens Marggraves de Brandebourg ont fait valoir fur la Pomérellie. Il y a même des argumens très-forts à alléguer contre la validité ou l'obligation permanente de la vente fufdite. Les Marggraves Valdemar & Jean, l'ont faite fans la concurrence du Marggrave Henri, qui vivoit alors; ils n'en ont reçu de prix que $\frac{10^{\circ}}{m.}$ marcs, & ils ont donné l'excédent à l'Ordre Teutonique, dans la vue de participer à fes bonnes œuvres, felon la teneur du Diplome de vente, & de l'aveu que l'Ordre en a fait lui-même dans fes conteftations avec les Polonois (1). Or, comme cette raifon de la vente eft venue à ceffer; comme les anciens Marggraves de Brandebourg ont bien

***

(1) *Schütz*, Chronique de Pruffe., fol. 315.

voulu céder leurs droits à l'Ordre Teutonique, mais non pas aux Polonois ; comme ceux-ci n'ont acquis la Pomérellie que par la violence & fans aucun titre , les Electeurs de Brandebourg de la Maifon de Zollern , qui font fucceffeurs particuliers , & non héritiers univerfels des anciens Marggraves de la Maifon d'Afcanie ou d'Anhalt , & qui , par conféquent , ne font pas obligés à remplir tous les engagemens de ceux-ci, peuvent reprendre & faire revivre les anciens Droits fur la Pomérellie, qui font inhérents à l'Electorat de Brandebourg , & n'ont pu être aliénés validement fans un équivalent fuffifant. En partant de ces prémiffes & de tous les principes qu'on vient d'établir , le Roi , qui réunit la double qualité d'Electeur de Brandebourg & de Duc de Poméranie , peut , avec juftice , revendiquer la Pomérellie par deux titres également refpectables ; favoir, par le droit de fucceffion des anciens Ducs de Poméranie , après l'extinction de leurs coufins les Ducs de la ligne de Dantzig , dont ils ont été privés injuftement , & par le droit de fuzeraineté & de fupériorité féodale des anciens Electeurs de Brandebourg fur la Pomérellie , qui doit revivre dès que la vente de ce pays faite à l'Ordre Teutonique eft venue à ceffer ; & au moyen de ces deux titres, le Roi peut réunir & confolider le fief avec le Domaine direct à l'égard du Duché de Pomérellie.

II°. Si l'injuftice avec laquelle les Polonois pofsèdent la Pomérellie eft grande , elle ne l'eft pas moins à l'égard du *Diftrict approprié à la Grande-Pologne, qui eft fitué entre les rivières de la Drawe ou Drage , de la Netze & de la Kuddo* (1) , & dans lequel fe trouvent les villes de Tucz , de Krone , de Friedland, de Filhene, de Slop, &c. Ce Diftrict confidérable a inconteftablement appartenu dans le quatorzième & le quinzième fiècle, aux Marggraves de Brandebourg & à la Nouvelle-Marche. Il exifte dans les archives de l'Evêché de Pofnanie , une chartre très - remarquable de l'an 1312 , par laquelle Valdemar & Jean , Marggraves de Brandebourg , tranfigent avec l'Evêque de Pofnanie fur les dixmes du territoire fitué entre la Drawe, la Netze & la Kuddow (2). Toute la teneur de cette chartre fait

---

(1) Cette petite riviere qui fe trouve dans quelques cartes fans nom , prend fon origine près de la ville de Neuftettin , fépare la Poméranie & la Pomérellie , & tombe enfuite dans la Netze près de la ville d'Ufcie.

(2) Cette Chartre fe trouve entière parmi les piéces juftificatives N°. IV.

voir que le Diſtrict ſuſnommé, qui y eſt clairement & expreſſément déſigné avec les rivières & les villes ſuſdites, étoit alors ſous la domination non conteſtée des Marggraves de Brandebourg, de l'aveu de l'Evêque de Poſnanie, un des premiers Sénateurs de la Couronne de Pologne. En 1345, Louis de Bavière, Electeur de Brandebourg, a donné à l'Ordre de St. Jean la ville de Tempelbourg, ſituée alors dans le même Diſtrict (1). Les archives de Berlin contiennent auſſi un regiſtre original de toutes les villes & des villages de la Marche de Brandebourg, fait en 1373 par ordre de l'Empereur Charles IV & de ſon fils Wenceſlas, Rois de Bohême, lorſqu'ils acquirent la Marche de Brandebourg. Dans ce regiſtre on trouve les villes de Tucz, Krone & Friedland, expreſſément ſpécifiées, comme faiſant partie de la Nouvelle-Marche, & appartenantes, pour la propriété, à la famille de Wedel. Sigiſmond de Luxembourg & de Bohême, Roi de Hongrie & Electeur de Brandebourg, ayant

---

(1) *Voyez* le Code Diplomatique de Brandebourg, T. III, p. 244, où l'on trouve encore d'autres Chartres qui prouvent que la ville d'Ucz, & d'autres places de cette contrée, appartenoient au Brandebourg, p. 168, 184.

vendu

vendu la Nouvelle-Marche à l'Ordre Teutoni-
que, l'an 1402, pour $\frac{63}{m}$ florins d'or à titre de
rachat (1) ; Wladiflas Jagellon, Roi de Polo-
gne, promit à l'Ordre Teutonique, après le
Traité de paix de Raczenz, par un inftrument
de l'année 1405 , qu'il obferveroit les limites
entre la Grande-Pologne & la Nouvelle-Marche, telles que l'Ordre les avoit trouvées lors
de fon acquifition, & comme elles avoient
fubfifté depuis les tems anciens (2). Malgré un
engagement fi folemnel , le Roi Jagellon ne
laiffa pas de contefter les anciennes limites de
la Nouvelle-Marche , & de vouloir étendre
celles de la Pologne. L'Ordre Teutonique fe
vit obligé , dans les Traités de paix de 1422

---

(1) Dans le Code Diplomat. de Pologne, T. I,
p. 596, il fe trouve un inftrument de l'an 1402 ,
felon lequel Sigifmond auroit hypothéqué la Nouvelle-Marche au Roi Jagellon ; mais ce n'a été qu'un
projet qui n'a pas eu lieu, puifque par un acte pof-
térieur de l'an 1402, dont l'original exifte dans les
Archives de Berlin , Sigifmond a réellement vendu
la Nouvelle-Marche à l'Ordre Teutonique , qui l'a
auffi poffédée jufqu'à l'an 1454.

(2) Cet acte, dont l'original eft confervé dans
les Archives de Berlin, fe trouve parmi les pièces
juftificatives N°. V.

& 1436, de remettre la décision de ce diffé-
rend, & le réglement des limites entre la Pologne & la Nouvelle-Marche, à certains commissaires & arbitres. Quand on examine avec
attention le Traité de 1436, & qu'on le compare avec celui de 1349, on y voit clairement
*que la limite litigieuse entre la Pologne & la
Nouvelle-Marche commençoit là où finit la limite de la Cujavie & de la Pomérellie, telle
qu'elle est marquée encore sur les cartes modernes ; que par conséquent les prétentions de la
Nouvelle-Marche alloient, dès-lors, jusqu'à la
rivière de Kuddow, & même au-delà, & que ses
limites certaines commençoient à l'entrée des rivières de Birzwennik & de la Netze* (1). L'arbi-

______

(1) Pour mieux juger de la solidité de cette assertion on rapportera ici le passage du Traité de 1436,
qui est imprimé dans le Code Diplomatique de Pologne, T. IV, p. 125.

*Medius fluvius Vistula erit limes inter Regnum Po-
loniæ & terras Magistri & Ordinis Prussiæ——usquequo
medietas Vistula tanget locum, quem quondam Casimi-
rus Rex cum Magistro Prussiæ dicto Dusmar, inter terras Bidgostienses & Pomeraniæ certis litteris & signis
notabilibus limitavit. Item incipiendo ab eo loco in quo
prædicti limites per Casimirum Ragem Poloniæ & Magistrum Prussiæ facti & in eorumdem literis expressi ter-
minantur & desinunt, in procedendo ulterius usque ad*

ttage établi dans ce Traité n'eut pas lieu. La guerre recommença quelque tems après ; elle fut malheureuse pour les Chevaliers , les Polonois s'emparèrent de toute la Pomérellie & du susdit District de la Nouvelle-Marche, & ils gardèrent finalement la Pomérellie, par le Traité de paix de Thorn de 1466. L'Ordre Teutonique ayant revendu pendant le cours de cette guerre, dès l'an 1454 , la Nouvelle Marche à Frédéric II, Electeur de Brandebourg , avec les

------

introitum fluminis Nothecz five Bierſviennik , obſerva-
bimus iſtum modum & ordinem : Quod ſi de prædictis
limitibus poterint bona fama tres homines pro parte
Magiſtri & Ordinis electi , viſis utriuſque Partis litte-
ris juribus & poſſeſſionibus , & aliislegitimis documentis
concordare , ſtabunt limites taliter concordati , ubi autem
non poſſent electi illi homines bonis modis concordare ,
ex tunc ſortes ab utraque Parte mittantur , quamcunque
autem Partem ſors contigerit ſic emiſſa Pars reliqua ,
quam ſors ipſa non tetigit , debet ſex Perſonas quas pla-
cebit , de Parte prædicta eligere , quæ Perſona ſic electa,
poſtquam juramento corporali limites inter Partes præ-
dictas ſic de limitibus diſcrepantes firmaverint , limites
illi ſic juramento firmati , pro ſignis & limitibus inter
Regnum Poloniæ & terras Novæ - Marchiæ & perpetuo
remanebunt.—— Poſtquam autem ventum fuerit per li-
mites prædictos ſicut præmittitur diſtinctos juramento ,
quando limes ille fluvium Noteſz & Birtzwiennik inſi-
lict ; ipſe fluvius Birzwennik medius erit limes perpe-

limites telles qu'il les avoit reçues, en 1402,
du Roi Sigifmond, il ne pouvoit pas céder à la
Pologne le Diftrict de la Nouvelle-Marche entre la Drage, la Netze & la Kuddow. Il ne l'a
auffi pas fait ; car quoique dans le Traité de
paix de 1466 on ait foigneufement fpécifié les
noms de toutes les villes & bourgs que l'Ordre céda au Roi Cafimir, il ne s'y en trouve
aucune du Diftrict de Nouvelle-Marche en

---

*tuus inter Regnum Poloniæ & terram Nova-Marchiæ
& iterum ubi Birzwennik cum Notheff confluit, medius
fluvius Notheff erit limes.*

Le Traite du Roi Cafimir & du Grand-Maître
Dufmar, allégué dans celui de 1436, eft le Traité
de 1349.

Voyez le Code Diplomatique de Pologne, T. IV,
pag. 71.

Les limites entre la Pologne & la Pomérellie s'y
trouvent marquées à-peu-près comme dans les Cartes modernes, & finiffent avec la riviere de Kuddow,
qui par une faute de copifte y eft nommée *Guoda* au
lieu de *Guoda*, nom ancien & Polonois de la Kuddow. Or, comme, felon le Traité de 1436, le Diftrict litigieux entre la Pologne & la Nouvelle-Marche, lequel devoit être règlé par des arbitres, commence là, où finiffent les limites certaines entre la
Pologne & la Pomérellie, exprimées dans le Traité
de 1349, il en réfulte la preuve de ce qui a été établi ci-deffus dans le Texte.

queſtion. Il paroît cependant que c'eſt à l'occaſion de cette guerre entre les Chevaliers Teutoniques & les Polonois, que ceux-ci en ont pris poſſeſſion. Mais comme il a été prouvé ci-deſſus que le territoire entre la Netze, la Drawe & la Kuddow, a, de droit, appartenu à la Nouvelle-Marche dans le quatorzième & quinzième ſiècle; comme le Roi Jagellon a promis à l'Ordre Teutonique de le laiſſer dans la tranquille poſſeſſion des limites de la Nouvelle-Marche, telles qu'il les avoit reçues de l'Electeur Sigiſmond; comme ce Roi Jagellon a lui-même déclaré litigieux le Diſtrict entre la Drawe, la Netze & la Kuddow, dans le Traité ſolemnel de paix de 1436, & en a renvoyé la déciſion à un arbitrage qui n'a jamais eu lieu; & comme enfin la Couronne de Pologne ne ſauroit produire aucun Traité ni autre titre valable ſur l'acquiſition du Diſtrict en queſtion, la poſſeſſion qu'elle en a eu juſqu'ici a toujours été vicieuſe (1), & le Roi eſt,

---

(1) Si les Polonois, pour colorer leur poſſeſſion de ce territoire, s'aviſoient de provoquer à la matricule de démarcation qui doit avoir été faite en 1251, par Boleſlas, Duc de Pologne, & confirmée par le Roi Caſimir en 1364, laquelle eſt imprimée

par conséquent, en droit de réclamer la restitution de ce même District, qui a été si injus-
tement démembré de la Nouvelle-Marche.

IIIº. La *Siléfie* n'a pas moins souffert par
les usurpations des Rois de Pologne.

---

dans le Code Diplomatique de Brandebourg, T. III,
p. 253, d'après une copie; on leur démontrera aifé-
ment que cette matricule, dont ils n'ont jamais
pu produire d'original, n'est qu'une pièce controu-
vée & fabriquée par un fauffaire ignorant, qui ne
favoit pas que l'Ordre Teutonique, qu'il a fait partie contractante de cette matricule, ne poffédoit en
1251, ni la Nouvelle-Marche, ni la Pomérellie. Le
compilateur du Code Diplomatique de Pologne fe
flatte, dans la Préface du premier Tome, de pouvoir de beaucoup reculer les limites préfentes de la
Nouvelle-Marche, & prouver d'anciens droits de
la Couronne de Pologne fur une partie de ce pays,
s'il pouvoit trouver les délimitations faites du tems
du Roi Cafimir III ; mais on peut l'affurer ave fin-
cérité fur la foi des Archives de Brandebourg, qu'il
n'en trouvera jamais. Le même compilateur appuye
beaucoup fur quelques Chartres des années 1365,
1402 & 1421, par lefquelles les Seigneurs de Driefen auroient reconnu tenir le Château de ce nom
de la Couronne de Pologne ; mais ce font des actes
illégitimes, qui ont été extorqués en tems de troubles à des mineurs, & on peut détruire toutes ces
pièces par un acte d'Ulric, Seigneur de Driefen,

Dans le Traité de partage que les cinq frères, Ducs de Siléfie & de Glogau, conclurent
entr'eux en 1312 (1), ils firent deux portions,
dans l'une defquelles on mit, outre les villes
qui appartiennent encore aujourd'hui à la Siléfie, les villes & les Diftricts de *Pofen*, de
Frauftadt, de *Rogozno*, d'*Obernik*, de *Wron-
ke*, de *Szrem*, de *Goftyn*, de *Benfchen*, &c.
& dans l'autre, les villes de *Gnefen*, de *Kalifch*, de *Pyfdri*, de *Konin*, &c. Il en réfulte
que les villes & les Diftricts qu'on vient de
nommer, & qui conftituent aujourd'hui les
deux grands Palatinats de Pofen & de Kalifch,
appartenoient alors inconteftablement à la Siléfie & au Duché de Glogau. On trouve auffi

------

de l'an 1408, qui fe trouve ici en original, & qui
eft rapporté parmi les Pièces juftificatives, N°. VI,
où il déclare, que fon Château & fa Seigneurie ne
relevoient que de la Marche de Brandebourg depuis
les tems les plus anciens, témoin les Lettres d'inveftiture; & que, s'il avoit donné des reconnoif-
fances contraires à la Pologne, il y avoit été engagé
dans fon bas âge par les menaces & fuggeftions finif-
tres des Polonois, en fecret & en lui impofant un
filence abfolu.

(1) Ce Traité de partage de 1312 fe trouve en entier dans le Recueil des Hiftoriens de la Siléfie de M.
de Sommerfberg, T. I, p. 869.

que Jean, Duc de Glogau & de Steinau, pof-
féda encore, en 1337, la ville & le Diftrict
de Frauftadt (1). Cafimir, Roi de Pologne,
renonça, par les deux Traités conclus en 1335
& 1339 avec Jean, Roi de Bohême (2), à
toute prétention fur la Siéfie, & déclara n'a-
voir jamais eu aucun droit fur ce Duché. Malgré des tranfactions fi folemnelles, les Polonois ont ufurpé, & peu à peu démembré de la
Siléfie, toutes les villes & les Diftricts fufnom-
més (3), fans que les Ducs de Siléfie y ayent
jamais expreffément renoncé. Le Roi, comme
Souverain & légitime Duc de Siléfie & de
Glogau, pourroit donc de bon droit revendiquer ces deux grands territoires ou Palatinats
de Pofen & de Kalifch, que les Polonois ont
ufurpés fans titre, & injuftement démembrés
de la Siléfie.

IV°. Outre les prétentions légitimes, qu'en
conféquence des articles précédens la Maifon
de Brandebourg pourroit former à la charge

Voyez ce même Recueil de M. de Sommerfberg,
T. I, p. 874.

(2) *Voyez* ces Traités dans le même Recueil,
T. I, p. 774, 775.

(3) *Voyez* M. de Sommerfberg, T. I, p. 276.

du Royaume de Pologne , elle en a une pécuniaire entièrement liquide , pour laquelle elle tient en hypothèque le territoire de la ville *d'Elbing*, & dont voici l'origine & la qualité.

Lorſque l'Electeur Frédéric-Guillaume conclut, en 1657, la paix de Welau avec la République de Pologne , & s'allia avec elle pour l'aſſiſter contre Charles Guſtave, Roi de Suède, dans une guerre où il ne s'agiſſoit pas de moins que de l'exiſtence de la Monarchie Polonoiſe , le Roi Jean Caſimir , & les principaux Sénateurs de Pologne , promirent à l'Electeur , de la manière la plus ſolemnelle , par la convention de Bidgoſt , du 6 Novembre 1657, qu'en conſidération du ſuſdit ſecours , la ville d'Elbing ſeroit remiſe à l'Electeur en pleine propriété & ſans la moindre difficulté, dès qu'elle auroit été évacuée par les Suédois ; cependant l'Electeur promit en même tems , qu'il rendroit cette ville à la République dès qu'elle lui auroit rembourſé la ſomme de $\frac{400}{m.}$ écus. La guerre entre les Suédois & les Polonois ayant ayant été terminée trois ans après par la paix d'Oliva, ceux-ci occupèrent la ville d'Elbing ; mais l'Electeur Frédéric-Guillaume ne pût jamais obtenir, ni qu'on lui remît cette ville , ni qu'on lui payât les $\frac{400}{m.}$ écus , malgré toutes ſes ſollicitations , & malgré que le Roi de Pologne & ses principaux Ministres de la République reconnussent eux-mêmes l'injustice de ce procédé (1). Son successeur, l'Electeur Frédéric III, fit donc occuper la ville d'Elbing en 1689, par ses troupes ; mais il la rendit à la République par un Traité conclu en 1699, par lequel il réduisit sa créance à $\frac{300}{m.}$ écus, en se faisant donner pour gage une couronne & quelques bijoux de la République, & en stipulant que, si ce capital n'étoit pas payé en quatre ans, il pourroit occuper le territoire de la ville d'Elbing pour jouir de son usufruit. Ce payement n'ayant pas eu lieu, Frédéric, devenu Roi, fit prendre possession, en 1704, du territoire de la ville d'Elbing, & il prêta la même année encore la somme de $\frac{70}{m.}$ écus à la ville d'Elbing, pour payer la contribution que Charles XII avoit imposée à cette ville. La Maison Royale de Prusse a donc à prétendre de la République de Pologne & de la ville d'Elbing, un capital de $\frac{370}{m.}$ écus en espèces, qui font plus de $\frac{100.}{m.}$

---

(1) Cette prétention est détaillée avec les preuves nécessaires dans une déduction qui a été imprimée en 1698 sous le titre :

Repræsentatio juris, quo Electori Brandenburgico fas est possessionem pignoris in urbe Elbingæ constitutæ arripere.

monnoie courante ; pour lequel capital elle jouit actuellement de l'ufufruit du territoire de la ville d'Elbing.

On croit donc avoir prouvé par l'hiftoire , par les traités , par des chartes originales , & par tout ce qu'il y a de plus digne de foi parmi les hommes, que la *Pomérellie ,* par la fuccef-fion légitime , a dû appartenir aux Ducs de Poméranie & à leurs fuccefſeurs les Electeurs de Brandebourg ; que *le Diſtrict de la Grande-Pologne* entre les rivières de la Netze , de la Drage & de la Kuddow , a anciennement ap-partenu à la Nouvelle-Marche , & n'en a été démembré que par ufurpation ; & que les Pa-latinats de Pofen & de Kalifch ont été injuf-tement, & fans titre, démembrés de la Siléfie. La Couronne de Pologne ne pourra produire aucune ceffion des Ducs de Poméranie fur la Pomérellie , ni des Electeurs de Brandebourg fur le Diftrict enclavé entre lefdites trois riviè-res, ni des fuzerains & des Ducs de Siléfie fur les Palatinats de Pofen & de Kalifch. Elle ne pourra non plus produire aucun Traité ni au-tre acte , par lequel lefdits Princes ayent ex-preffément renoncé à aucune des Provinces qu'on vient de nommer. En vain voudroit-elle réclamer le Traité de paix de Welau de 1657, & celui d'Oliva, de 1660, & les garanties de

ce dernier Traité, dont plufieurs Puiffances de
l'Europe fe font chargées. Le premier Traité a
terminé la guerre entre Jean Cafimir, Roi de
Pologne & Frédéric-Guillaume, Electeur de
Brandebourg, & a eu pour objet principal la
fouveraineté du Duché de Pruffe. Le fecond
Traité, celui d'Oliva, a fini la guerre entre
l'Empereur Léopold, le Roi de Pologne, &
l'Electeur de Brandebourg, d'une part, & le
Roi de Suède de l'autre ; laquelle guerre avoit
eu fon origine des prétentions que les Rois de
Pologne formoient fur le Royaume de Suède.
Dans l'un & l'autre Traité, on n'a tranfigé
que fur les points qui étoient alors en conteftation, & qui avoient occafionné ces guerres ;
il ne s'y trouve aucune claufe ni générale, ni
fpéciale, par laquelle l'Electeur de Brandebourg ait renoncé ou dérogé à fes prétentions
fur la Pomérellie & le Diftrict de la Nouvelle-
Marche, ou reconnu le Droit de la Pologne
fur ces Provinces, dont il n'avoit jamais été
queftion dans tout le cours de cette guerre, &
de la négociation de la paix d'Oliva. On y a
plutôt réfervé (Article 24, §. 2.) les conventions que les parties contractantes pourroient
avoir entre elles ou avec d'autres. D'ailleurs
l'Electeur de Brandebourg n'a pas même tranfigé, dans le Traité de paix d'Oliva, avec la

Couronne de Pologne, mais uniquement avec celle de Suède. Les Traités de paix de Welau & d'Oliva ne peuvent donc donner à la Couronne de Pologne des Droits plus forts fur la Pomérellie & le Diftrict de la Nouvelle-Marche, qu'elle n'en a eu auparavant, ni déroger aux juftes prétentions de la Maifon de Brandebourg; & les garanties de la paix d'Oliva ne fauroient s'étendre au-delà de ce que cette paix comprend expreffément, puifque les Puiffances garantes ont garanti l'obfervation de ce Traité, mais non l'intégrité des poffeffions de la Couronne de Pologne, qui pourroient, d'ailleurs, être litigieufes. Comme cette Couronne ne peut donc faire valoir *des ceffions* ou *renonciations expreffes*, qui font les feuls titres valables entre les Souverains, pour transférer une poffeffion légitime de provinces litigieufes; elle aura peut-être recours *à la prefcription & à la poffeffion immémoriale*. On connoît la fameufe difpute des Savans fur la queftion, fi la prefcription eft du droit naturel, & fi elle a lieu entre les Souverains & les Nations libres (1)? L'affirmative n'eft fondée que

---

(1) Grotius, Puffendorff, Wolff, Werlhoff, Vatel & d'autres ont foutenu l'affirmative; du Puy, Breuning & d'autres font pour la négative.

fur l'argument très-foible, que celui qui, pendant long-tems, n'a pas fait ufage de fes
droits, eft préfumé les avoir abandonnés. Une
préfomption, qui eft toujours douteufe, ne
peut pas détruire le droit & la propriété avérée
d'un Souverain. Cette préfomption ceffe même
entièrement, dès que les forces fupérieures de
l'ufurpateur ont empêché le propriétaire légitime de revendiquer fes droits, ce qui eft le cas
préfent. Le tems feul ne peut pas rendre jufte
une poffeffion qui ne l'a pas été dès fon origine; & comme il n'y a point de juge entre
les Nations libres, perfonne ne pourra juger,
fi le tems écoulé fuffit pour opérer la prefcription, ou fi la préfomption de l'abandon eft
affez conftatée. Mais quand on laifferoit même
cette queftion indécife, la prefcription que la
République de Pologne pourroit alléguer dans
le cas préfent, n'a aucune des qualités que les
défenfeurs de la prefcription en exigent, pour
la rendre valable entre les Etats libres (1). Elle
n'eft pas *immémoriale*, puifqu'on vient de
montrer l'époque & l'origine vicieufe de la
poffeffion des Polonois fur les pays en queftion:

---

(1) Grotius de J. B. & P. Liv. II, Ch. 4, S. 5,
6, 7. Vatel, Droit des Gens, Liv. II, Chap. II,
S. 142, 143, 144.

elle n'eſt pas fondée ſur la *bonne-foi*, puiſqu'ils ont pû & dû ſavoir , par l'hiſtoire & par leurs archives , le vice de leur poſſeſſion. Ils ne pourront pas prouver aux parties intéreſſées un ſilence & un abandon abſolu de leurs prétentions , tel qu'il faudroit pour opérer une preſcription à toute épreuve. Les forces prépondérantes des Rois de Pologne & les circonſtances critiques des tems , qui ont produit une ſuite preſque non interrompue de guerres & de troubles , ont empêché juſqu'ici les Ducs de Poméranie & les Electeurs de Brandebourg, de faire valoir leurs droits ; cependant les ſuſdits Ducs ne les ont jamais expreſſément abandonnés , & ils n'ont pas laiſſé de revendiquer bientôt après la mort du dernier Duc de Pomérellie, autant qu'ils ont pu, de ce pays-là ; ſavoir , le territoire entre la Leba & la Grabow ; & comme ils ont en même tems pris & conſervé juſqu'à nos jours les armes & le titre des Ducs de Poméranie, nom qui eſt propre , & particulièrement affecté au Duché de Pomérellie , ils ont conſervé par-là leurs prétentions ſur ce pays , & l'ont garanti contre toute preſcription (1).

____

(1) Vatel, Droit des Gens , Liv. II , Chap. II , §. 145.

Les prétentions que la sérénissime Maison de Brandebourg a sur la Pomérellie & sur d'autres Districts considérables de la Pologne, étant donc justes, légitimes & fondées, & n'ayant pu être éteintes par aucune prescription, le Roi s'est déterminé à les réclamer, & à faire valoir ses justes droits, de la manière qui est usitée parmi les Nations, & qui est autorisée par tant d'exemples. Comme on peut juger d'avance & avec certitude, par le caractère de la Nation Polonoise, par l'expérience des injustices qu'elle a faites à la Maison de Brandebourg dans les affaires d'Elbing & tant d'autres, & sur-tout par les dissensions internes qui partagent présentement toute la Nation, qu'on n'obtiendroit jamais aucune justice d'elle par les voies ordinaires de la négociation ; Sa Majesté n'a pas pu s'empêcher de prendre le seul parti qui restoit de se faire justice elle-même, & de prendre possession de ce qui lui revient de droit, après s'être concertée avec d'autres Puissances voisines qui se trouvent dans le même cas. Pour cet effet, le Roi a fait prendre possession de la Pomérellie, en exceptant la ville de Dantzig, & de la partie de la Grande-Pologne située en-deçà de la Netze, comme des pays qui appartiennent à

juste

jufte titre, l'un au Duché de Poméranie & l'autre à la Nouvelle-Marche ; & comme Sa Majefté ne fait pas valoir fes prétentions fur les Diftricts confidérables que les Polonois ont démembrés de la Siléfie. Comme elle fe défifte de fes droits fur la ville de Dantzig, qui appartient, d'ailleurs, inconteftablement à la Pomérellie, & vaut, fans contredit, plus que tout le refte de cette province déferte; comme elle pourroit prétendre la reftitution de l'ufufruit de ces territoires, dont fa Maifon a été injuftement privée depuis tant de fiècles; comme elle a enfin une prétention pécuniaire trèsforte & liquide fur le territoire de la ville d'Elbing; par toutes ces raifons, Sadite Majefté, pour fe procurer un équivalent tant foit peu proportionné à des facrifices fi confidérables, a fait occuper en même tems le refte de la Pruffe Polonoife, nommément le Palatinat de Marienbourg avec la ville d'Elbing, & l'Evêché de Warmie, le pays de Michelau & le Palatinat de Culm avec l'Evêché de ce nom, à l'exception de la ville de Thorn & de fon territoire.

On fe flatte que quand le public impartial aura pefé fans prévention tout ce qu'on vient de détailler dans cet Expofé, il ne trouvera dans la démarche que Sa Majefté vient de

faire, rien qui ne foit conforme à la juſtice,
au droit de Nature, à l'uſage général des Nations, & enfin à l'exemple que les Polonois
ont donné eux-mêmes en s'emparant de tous
ces pays par de ſimples voies de fait. On eſ-
père auſſi que la Nation Polonoiſe reviendra,
à la fin, de ſes préjugés ; qu'elle reconnoîtra
les injuſtices énormes qu'elle a faites à la Maiſon de Brandebourg, & qu'elle ſe portera à les
réparer par un arrangement juſte & raiſonna-
ble, auquel Sa Majeſté prêtera volontiers les
mains, deſirant ſincèrement de cultiver l'amitié & le bon voiſinage de cette illuſtre Nation,
& de vivre avec la République en bonne union
& harmonie.

PIÉCES JUSTIFICATIVES.

N°. I.

Diplome d'inféodation de la Marche de Bran-
debourg & du Duché de Poméranie , donné
par l'Empereur Fréderic II à Jean & Otton ,
Marggraves de Brandebourg , l'an 1231 ,
avec la confirmation d'Adolphe , Roi des
Romains , de l'an 1295 , d'après l'Original.

ADOLFUS , Dei gracia , Romanorum Rex femper
Auguftus. Univerfis Imperii Romani fidelibus in perpetuum. In Excellenti folio Majeftatis , Regie ordi-
nacione divina feliciter conftituti , noftre confidera-
tionis oculos , longè lateque diffundimus , ad prof-
piciendum , univerfis fubjectis Imperii meliora , &
ad occurrendum difpendiis eorundem. Verum pre-
cipua nos cura follicitat , qualiter principum noftrorum , quibus tanquam immobilibus columpuis Imperii , totalis Regia machina fuftentatur , firmum
ftatum firmius folidemus , & amplum honorem lar-
gius ampliemur. Noverit igitur prefens etas & fuc-
ceffura pofteritas , quod privilegium quoddam dive
recordacionis Domini Friderici , fecundi Romanorum Imperatoris Jerufalem & Sycilie , Regis noftri
anteceffóris , cum Bulla aurea roboratum , vidimus
& audivimus, in hec verba. In nomine fancte & in-

dividue Trinitatis. Fridericus secundus, divina favente clemencia Romanorum Imperator, semper Augustus, Jerusalem & Sycilie Rex. Requirit Imperii celsitudo & dignitas exigit principalis, ut favore Cesareo vota principum compleantur. Quorum merita transfundi debent liberaliter in heredes qui non minus paterne fidei quam virtutis creduntur effici successores, defectumque parentum circa Imperii decus effectu devocionis complere. Inde est igitur. Quod presentis scripti serie notum fieri volumus Imperii fidelibus, tam modernis, quam posteris universis, quod dilectus princeps noster Johannes Marchio de Brandemburg, nostro culmini supplicavit, quatinus Marchiam Brandemburgensem cum omni honore & pertinenciis suis, & alia feodaque quondam Albertus Marchio Brandem; burgensis pater ejus de manu nostra & imperii possidebat quemadmodum eidem Alberto genitori suo & heredibus ejus privilegium liberalitatis nostre inde concessimus, una cum Ducatu Pomeranie, eidem Johanni & Ottoni fratri suo, si ipsum Johannem premori contigerit ac heredibus utriusque, concedere & confirmare de nostre celsitudinis gratia dignaremur. Nos autem attendentes devocionem & fidem dicti quondam Alberti Marchionis patris eorum quam ad nostram & imperii celsitudinem habuit & quam devote nobis & imperio servierit quoad vixit. Sperantes insuper ab eisdem Johanne & Ottone fratribus, tanquam paterne successoribus fidei, servitia recipere gratiora, predictam Marchinam Brandemburgensem cum omni honore proventibus & juribus ad eam spectantibus, necnon & alia feoda, que no-

minatus Marchio pater eorum à nobis & imperio
nofcitur tenuiffe. Sicut olim eo fuperftite fibi & heredibus fuis conceffimus, ita prenominatis Johanni
Marchioni & Ottoni fratri ejus fi premori contigerit
eundem Johannem, ac heredibus eorum ex certa
fcientia, juxta confuetudinem imperii concedimus &
perpetuo confirmamus : De fuperhabundanciori gracia noftra confirmantes eifdem Ducatum Pomeranie,
prout dictus quondam pater & predeceffores eorum
nofcuntur à noftris predeceffloribus tenuiffe. Prefentis quoque privilegii autoritate mandamus, quatinus
nulla perfona fublimis vel humilis, ecclefiaftica vel
mundana, dictum Johannem Marchionem & Otto-
nem fratrem ejus ac eorum heredes contra conceffionis & confirmacionis noftre paginam moleftare pre-
fumat. Quod qui prefumpferit, penam quingenta-
rum librarum auri fe compofiturum agnofcat, me-
dietatem curie noftre & reliquam injuriam patienti.
Ad hujus itaque conceffionis & confirmationis noftre
memoriam & robur perpetuo valiturum, prefens privilegium fieri & bulla aurea, typario noftre Majefta-
tes impreffa, juffimus communiri, hujus autem rei
teftis funt. B. Patriarcha aquilegienfis. Magdebur-
genfis. Ravennenfis. Et B. Panormitanus. Archiepif-
copi. C. Babembergenfis. S. Ratifponenfis. Imperialis aule Cancellarius. Wormacienfis. Ofenburgenfis.
Regius ymolenfis. Brixienfis. Epifcopi. A. Dux Sa-
xonie. O. Duc Meranie. B. Dux Karinthie. Lant-
gravius Thuringie. Comes de Waldeberg. L. Lant-
gravius de Luckemberg. A. Comes de Sweburg. H.
Comes de Ortemburg. L. Comes de Hatremunt. M.
Comes de Mulburg. G. de Arnftein facri Imperii in

Italia legatus. G. Dapifer. C. pincerna de Clingem-
burg. Th. Comes Afferrensis. M. Marchio Lanza.
Comes de Loretho. Richardus Camerarius & alii
quam plures.

Signum　Domini Fri-
dericisecun-　di. Dei gar-
cia invictif-　simi Roma-
norum Im-　peratoris.
Semper Au-　gufti. Jeru-
salem & Si-　cilie Regis.
Acta sunt　hec anno
dominiceim-　carnationis
millesimo　ducentefi-
mo XXXI.　mense De-
cemb. quin-　te indict.
Imperante　Domino

nostro Friderico Dei gracia invictissimo Romanorum
imperatore. Semper Augusto Jerusalem & Sycilie Rege. Anno Imperii ejus duodecimo.

Regni Jerusalem septimo. Regni vero Sicilie XXX.
IIII. feliciter amen. Ego Sifridus Ratisponensis episcopus. Imperialis aule Cancellarius. Vice domini
Coloniensis Archiepiscopi tocius Italie Archicancel-
larii recognovi. Datum in civitate Ravenne anno.
mense & indictione prescriptis.

Nos itaque Adolfus Romanorum Rex predictus,
illustrium principum nostrorum Ottonis & Conradi
fratrum Machionum Brandemburgensium, filiorum
quondam. Johannis Marchionis Brandemburgensis,
devotis precibus favorabiliter inclinati. Universa
& singula, in supra scripto privilegio contenta pariter & conscripta, approbamus, ratificamus, in-

novamus, & prefentis fcripti patrocinio, confirmamus. Nulli ergo hominum, liceat hanc paginam noftre approbationis, ratificationis innovatio-
nis & confirmationis infringere, vel ei aufu te-
merario contraire. Sicut gravem noftre Majeftatis
indignationem & offenfam voluerit evitare. In cujus rei teftimonium, prefens fcriptum Majeftatis noftre figillo juffimus communiri. Teftes hujus
rei funt Ar. Babembergenfis, Heinr. Brixienfis,
Heinr. Merfeburgenfis, Epifcopi. Illuftres Al. Lant-
gravius Thuringie & Otto, Comes de Anhalt, Principes. Spectabiles viri, Eberhardus de Catzenellen-
bogen. Gerhardus de Diecz. Heinricus de Naffowe.
Johannes de Seyne & Eberhardus de Spizzemberg,
Comites. Nobiles viri. Gerlacus de Bruberg. Ulri-
cus de Hanowe. Gotfridus de Merenburg. H. de
Ifenburg. Fidericus de Riegen, & alii quam plures.
Datum in Mulhufen VI°. Idus Januarii, Indictione
VIII, anno Domini millefimo ducentefimo nonagefi-
mo quinto. Regni vero noftri anno tertio.

N°. II.

Chartre de Meftvin II, Duc de Poméranie,
par laquelle il affure la fucceffion de fes
États à fon coufin Barnim, Duc de Stet-
tin, l'an 1264.

Mɪꜱᴛᴡɪɴᴜꜱ, Dei gracia, Dux Scwecenfis. Univerfis prefentem paginam infpecturis, falutem in om-

nium falvatore. Quoniam univerfi hominum actus
una cum tempore in quo geruntur defluunt , tran-
feuntes in oblivionem. Neceffarium arbitramur ut
eaque robur firmitatis fortiri , debent fcriptis auten-
ticis muniantur adeo ut nullius occafione dubietatis
vel calumpnie proceffu temporis infringi valeant vel
mutari. Igitur notum effe volumus tam prefentibus
quam pofteris quod nos de mera noftra liberalitate
dilecto , *noftro confanguineo* Domino Barnim , illuftri
Slavorum Duci , ac fuis heredibus contulimus &
donavimus totam terram noftram Scwecenfem , cum
omnibus terminis juribus aliifque fuis attinentiis pof-
fidendam in omnibus & per omnia eo jure , quo nos
ipfam tenuimus ac poffedimus ejufdem terre poffeffione nobis quam diu vixerimus tantummodo refer-
vata. Conferimus etiam ei fuifque heredibus & donamus terras caftra civitates , villas & univerfa do-
miniaque ad nos devolui poterunt vel devolventur à
patre noftro & à fratre cum omni jure poft obitum
noftrum libere poffidenda. In cujus rei teftimonium
prefentem paginam inde confectam eidem dedimus
noftri figilli munimine roboratam. Teftes hujus noftre donationis & collationis funt. Wiardus , Abbas
Uznomenfis. Otto de Scwec , Capellanus nofter.
Arnoldus , Rector , parvulorum in Stettin. Item ,
Johannes Kulo. Brezpravus. Guftizlaus , & alii ,
quam plures quorum hic nomina non funt fcripta.
Actum Camin & datum ibidem , anno Domini
Mᵒ. CCᵒ. LXIIIIᵒ. XII. Kalendas Octobris.

N°. III.

*Confirmation des poſſeſſions des Couvens d'Oliva
& de Sarnovitʒ, en Pomérellie, par Bogislas IV, Duc de Slavie, 1291.*

IN nomine Domini, amen. Nos Bogiſlaus, Dei
gracia, Dux Slavorum & Caſſubie. Univerſis Chriſ-
ti fidelibus preſens ſcriptum audituris vel viſuris in
perpetuum. Ne eaque aguntur noſtris temporibus
cum lapſu temporis à memoria hominum defluant
malignanciumque calumpnia in poſterum depraven-
tur. Utile & neceſſarium eſſe dignoſcitur, ut fide
dignorum hominum & ſcripture teſtimonium per-
rennentur. Noverint igitur preſentes & poſteri uni-
verſi. Quod nos de conſilio dilectorum fratrum noſtrorum *Barnym & Ottonis*, ad laudem & honorem
omnipotentis Dei, & glorioſe Matris ejus Marie
Virginis augmentandum Monaſterium quod Oliva
dicitur Ciſtercienſis, ordinis ſitum in Pomerania
cum fratribus inibi Deo famulantibus ſub alas noſtre
protectionis ſuſcipimus confirmando eis eorumque
ſucceſſoribus omnes hereditates villas, ſeu poſſeſſio-
nes quas idem Monaſterium ex donatione vel confir-
matione Illuſtris Principis Domini *Myſtwigii dilecti
cognati noſtri Ducis Pomeranie*, ac progenitorum
ſuorum longo tempore juſto titulo pacifice poſſede-
runt & poſſident in preſenti. In quibus ſubſcriptas
hereditates propriis nominibus dignum duximus ex-

primendas. In primis ipfum clauftrum Olivam cum grangia adjacente. Villas, Prfimore. Podole. Granfow. Sterchow. Cincimiz. Prufentino, & grangiam Bargnewitz. In fuper villas ipfis pro terra Gomere in reftaurum datas. Quarum nomina funt hec. Biffekyr. Choyno & parvum Choyno. Slomno. Banino. Czegumo. Niwadove. Tuchumme·, cum omni ftagno adjacente parvo & magno quod Warzia dicitur, in omni littore excepta parte que fpe&at ad villam Domini Epifcopi. Beragewicz. Smolino. Quaffin. Wiffolca. Brudvino. Soppot, dimidiam quoque partem terre Oxivie cum omnibus terminis & utilitatibus fuis & libera pifcatione in mari. Rumnam cujus termini protendatur verfus Radam ad quercum circa viam publicam fignatam, & fic defcendunt ad locum ubi Rumna & Rada confluunt. Grangiam Starin cum villa ejufdem nominis & Meffin. Grangiam etiam Radeftowe. Raikowe. Schowarnichowe. Hoftriczam. Ravonore & molendino in Raduna. Nafino & Zirinuina, molendina quoque in Stricze conftru&a & in pofterum conftruenda. Locum etiam molendini circa villam Brifcze cum terminis fuis, & prefatum fluvium Strycze cum utroque littore à lacu Colpin unde fcaturit defcendendo in Wiflam, & ab illo loco per totam Wiflam ufque in mare liberam pifcationem capiendi rumbos vel efoces vel cujufcunque generis pifces quibuflibet retibus vel inftrumentis. A portu vero Wifle verfus occidentem totum litus maris cum omni utilitate & libertate ufque ad extremum, littus riuuli qui Swelina nuncupatur. Preterea unam navem liberam in falfo & recenti mari ad capiendum allec rumbos vel alios quofcunque pifces. Infuper decimam noctem de claufura in Rada abfque omni contradictione pifces libere perpetuo percipiendi prefatis fratribus de Oliva & eorum fuccefforibus cum omnibus bonis fupradictis libertate perpetua, confirmamus prout & donamus. Infuper donationem predilecti patris noftri Domini Barnym, quondam Ducis Slavorum & Caffubie, in annua penfione fcilicet orto marcarum de moneta civitatis noftre Stetin, & uno Thugurio falis in Colberghe fepedicto Monafterio Olive fratrum approbamus & condonando jure perpetuo liberaliter confirmamus. Clauftrum etiam dominarum Ciftercienfis ordinis nomine Sarnowicz quod pertinet in Olivam fub noftram protectionem fufcipimus confirmantes illis poffeffiones & villas fubfcriptas. Wircufino. Cartufino. Liubeko. Velargow & Swetin, totum quoque ftagnum quod Pefnicza nominatur & fluvium éjufdem nominis in utroque littore cum claufura pifcium & pratis circum jacentibus ufque in mare & liberam pifcationem ibidem. Unam quoque navem liberam allec vel rumbos aut ceteros pifces libere capiendi. Univerfas itaque & fingulas poffeffiones & villas prenominatas cum omnibus terminis & graniciis & libertatibus fuis ficut in privilegiis prefatis Domini Miftwigii & aliorum progenitorum fuorum expreffius continentur, & cum omnibus utilitatibufque nunc in ipfis funt vel quomodolibet haberi poterunt in futuro, in molendinis tabernis. pratis. pifcationibus. aurifodinis. argentifodinis & falinis, vel cujufcunque fuerit utilitatis cum omni judicio majori & minori capitali videlicet & manuali fepedictis fratribus de Oliva, & eorum in evum fuccefforibus libertate perpetua confirmamus. In hujus igitur confirmationis perhennem memoriam prefentem paginam figillo noftro & *figillo Meftwigii, Ducis Pomeranieque huic ordinatioui prefentialiter interfuit*, cum fubfcriptione teftium fecimus roborari. Teftes funt Dominus Wichardus, Abbas de Buchovia. Dominus Nicolaus Draco, Marfcalcus. Reymberus de Wacholt. Johannes filius fuus milites. Gobelo de Stetin, miles. Adam de Wiffekow, miles. Swenzo, Palatinus Danenfis & Stolpenfis. Mattheus, Subcamerarius in Slawen. Albertus, fignifer de Danzic, & alii quam plurimi fide digni. Datum anno Domini M°. CC°. XCI°. Concurrente VII. Indiction quarta.

N°. IV.

Convention de Waldemar & de Jean, Marggraves de Brandebourg, avec André, Évêque de Pofnanie, fur les Dixmes du pays fitué entre les rivières de la Netze, Drave & Kuddo, & appartenant auxdits Marggraves, l'an 1312.

Noverint univerfi prefentes litteras infpecturi, quod Nos Waldemar & Johannes, Dei gracia, de Brandenborg & Lufzacz Marchiones, accedente noftrorum Comitum & Baronum confilio & affenfu cum venerabili in Chrifto patre Domino Andrea,

Dei gracia, Epifcopo, & fuo Capitulo Pofnanienfi,
fuper decimis circa novum *Kalisk* , *Temperborch* ,
Arnskrone , *Valckenborch* , *Filene* , & *omnibus & fin-*
gulis bonis inter Notefʒam & Dranam , & *Notefʒam*
item & Kuddam fluvios fituatis , jam locatis pariter &
locandis, imo de omnibus aliis bonis *noftri dominii*
fub Pofnanienfi Diocefi conftitutis exiftentibufque
bonis fuper quibuslis inter Pofnanienfem & Cami-
nenfem Ecclefias ventilatur , & bonis aliis omnibus
fub Dominio Marchionis Johannis fpecialiter conftitutis, Domino Epifcopo & fuo Capitulo jure Dio-
cefano debitis , emptionem fecimus & contractum.
Videlicet ut Dominus Epifcopus & fuum Capitulum cum fuis fucceffoibus in Arnfwald Caminenfis
Diocefis , de annua contributione perpetuatim quinquaginta Marcas Brandenburgenfis, ponderis & mo-
nete in diebus beate Walpurg , viginti quinque , &
beati Martini Epifcopi , viginti quinque annis fingulis in perpetuum percipiant inconcuffe contradicendi
occafione procul mota. Habebunt etiam dicti Epifcopus & Capitulum, & eorum fucceffores prodictis
decimis ducentos manfos Teutonicos nondum cul-
tos, *in dicto territorio inter dictos fluvios fituato* , cum
decimis pleno jure nobis debito libere & pacifice
jure proprietatis perpetuo poffidendos , ita quod in
bone predictis nullumque nobis jus & noftris fuccefforibus genitus refervamus , nullo modo ullas
exactiones tallias aut precarias aut aliquas angarias
& perangarias in memoratis bonis ullo unquam tempore faciemus aut ab aliis fieri patiemur, fed bona
ifta tuebimur, contra quemlibet violentum. Ne autem fuper premiffo contractu per nos rite facto cui-

quam hominum in posterum possit dubium suboriri, presentem paginam de super conscribi jussimus, & nostrorum sigillorum munimine communiri, presentibus nostris fidelibus, scilicet Domino Gunthero de Keverenberch, Comite. Nobili Conrado de Veden. Jereslao de Grochen, militibus, Stockelmo nostre curie Prothonotario aliisque pluribus fide decoratis. Actum & datum in Buchszendorp, anno Domini M°. CCC°. XII°. in die beati Johannis, Apostoli & Evangeliste.

N°. V.

Chartre d'Vladislas, Roi de Pologne, par laquelle il promet à l'Ordre Teutonique d'observer les limites de la Nouvelle-Marche, telles que l'Ordre les avoit reçues en achetant ce pays l'an 1405.

W LADISLAUS, Dei gracia, Rex Polonie, Litwanieque Princeps supremus & heres Russie. Significamus quibus expedit universis ; quod anno preterito in conventione in festo Penthecostes inter nos & consiliarios nostros ex una, & venerabilem ac magnificum Dominum Conradum de Jungingen, Magistrum Generalem Ordinis beate Marie de Domo Theutonica, consiliumque suum parte ex altera, solempniter celebrata, inter ceteros articulos & tractatus ibidem tunc habitos, conclusos & conscriptos, hii duo articuli fubfequentes & fubfcripti litteris inferi debuerunt & figillorum munimine roborari, qui tamen ex negligentia obmiffi funt litteris eifdem inprimi & in numero ceterorum articulorum collocari. Ne igitur tam folempniter tractata & pactata in aliquo deficiant aut etiam minuantur, eofdem articulos prefentibus decrevimus inferendos. Quorum primus eft ifte, de obfervacione Grenicierum, limitum & finium inter terras noftras Majoris Polonie & Novemarchie, quas Grenicies nos obfervare promittimus & fpondemus & pro ratis habere, prout ipfas Dominus Magifter & Ordo ipfius tempore recepcionis ejufdem terre Novemarchie reperit, & ficut tempore tenebatur ab antiquo. Secundus articulus fuit ifte. Quod fi unquam contigerit propter limites & Grenicies terrarum quarumcunque regni Polonie & ordinis predicti aliquas difficultates fufcitari, quod predicte difficultates per amicabiles compoficionem debent complanari & fopiri. Harum quibus figillum noftrum appenfum eft teftimonio litterarum. Datum in Thorun, feria quarta infra octavas Penthecoftes. Anno Domini millefimo quadringentefimo quinto.

N°. VI.

*Acte d'Ulric d'Oeſt, Seigneur de Drieſen, par
lequel il déclare que ſon Château de Drieſen
appartenoit à la Nouvelle-Marche, & non à
la Pologne, l'an 1408.*

Ich Ulrich von der Oeſt Here czu Drysden Ritter
Thu kund unde offinbar unde bekenne dem Aller-
durchluchten unde ouch dem Hochwirdigen Gros-
mechtigen meynen Allergnedigeſten Furſten unde
Heren Romiſschen konighe, dee Korfurſten ſun-
derlichen allen auderen Furſten unde Heren geiſtlich
unde wertlich, unde nemelich alle denyenen den
dieſer Brieff vorbracht wirt, welcherleye vezens
adir wirdigleeit ſie ſin. Das meyne Voreldern ir lehn
des Hwſes Dryſden von Aldersher ye empfangen
haben von meynen Allirgnedigeſten Here Marrgraffe
czu Brandenburg unde dornach von keiſerein keiſers-
kindern rechten Heren der Marcke czu Brandenburg als das noch wol mit briffen iſt czu beweiſen.
Unde Ich Ulrich vobernumpt der gleich Seibir das
Lehn von meynen Allirgnedigeſten Heren konighe
czu Hungern der nach leibet unde lebet, ampfangen
habe, der mich ouch hot laſſen weiſſen mit andern
ſynen getruwen der Nuwenmarck dorczu wir ge-
werlde gehort haben an den Erwirdigen Heren Ho-

meiſter

meister dewsches Ordens unde an seynen Orden ,
deme Ich ouch mit rechter Wissenschaft unde wol-
bedachtem freyem willen geschworen unde gehol-
det habe als ich von rechte schuldig unde pflichtig
war , off die czeit do meyn vorbenumptir Here
konig czu Hungern vorkaufft hatte dem vorgenan-
tem meynem Heren Homeistere die selbige Nuwe-
marche , und ab Ingerley bedassunge adir missehege-
liche clage ymandes vorbracht wurde von deme Heren konighe czu Polan adir seyner anewalden obir
mich umb eczliche vorschribunge die ich gethan
habe deme Heren konighe seyme Reiche czu Polan
des ich dach unmechtig was , sient eyn dien stpflich-
tiger seyner rechten Heren Lehnrecht nicht mechtig
ist czu entpfremden , so bitt ich mit aller Demut,
das mir , das nicht vorhart noch czu Ungutten ge-
want werde, vas ich doran gethon habe das ist ges-
chen in meyner unwissenheidt. Wend ich der jore
so jung was, das ich nicht wuste noch irkante wo-
roff es gink , adir worczo es mochte komen onde
wart auch alzo an mir gesucht , das alle ding ges-
chogen ane wissen unde willen der meynen , unde
das die Vorschreibunge in meyner unyrkentlichen
iogund unde ane alle der meynen wissen unde Willen geschehen ist , unde ouch das das Lehn des
Hwses Drysden von alders heer ye gehort habe unde
noch gehore czu de me Heren der Nuwenmarcke
unde nyemanders. Dorczu wil ich thun alles das
mir dobey geboret czu thuen mit rechte. Des czu
ewighem gedechtnisse unde ganczer Sicherheit, Hab
ich Ulrich offtegenandt meyn Ingezegel mit Rechter

Wiſſenſchaft an deſſen briff laſſen hengen der do
gegeben iſt czu Soldin in der Nuwenmarck am
nechſten Sontage nach Purificationis Maris in deme
Virczenhunderſten unde dorneheſt im achten jore.

RÉFLEXIONS

D'UN GENTILHOMME

POLONOIS.

Quoique convaincu par l'expérience que l'ancien droit de la Nature & des Gens a été transformé dans ces tems-ci en de nouveaux systêmes, & nommément en celui du plus fort, je ne trouve pas moins, cependant, que les deux raisons de guerre adoptées parmi les Nations, & que le bon Grotius m'a enseignées il y a cinquante ans, savoir les raisons déterminantes & les raisons justifiantes, ont encore lieu aujourd'hui. L'occupation de plusieurs Provinces considérables de notre Royaume, faite par des Puissances voisines, marque assez la différence de ces deux raisons. Il n'y a que l'occasion favorable, fournie par l'impuissance & la désolation de notre Royaume, qui ait pu déterminer ces Puissances à la prise de possession violente d'une partie considérable de la Pologne : prise de possession qui doit faire trembler tout le reste de l'Europe, & la préparer à tems aux fers qui lui sont forgés dans le Cabinet de Potsdam, &

dont on a déjà su enchaîner les Cours de Vienne & de Pétersbourg , sous l'appât trompeur & spécieux de l'aggrandissement de leurs Possessions. On franchit les barrières pour entrer dans une terre étrangère , uniquement parce qu'on trouve ces barrières basses & incapables de résister.

Pour justifier un procédé si inoui , on fait valoir sur nos provinces différentes prétentions; mais comme aux yeux du Public elles pourroient ne pas paroître suffisantes pour colorer les occupations étendues que l'on fait sur nous, on demande encore un équivalent des dommages & intérêts résultans de la non-jouissance.

La Cour de Berlin a beau couvrir ses prétentions du voile d'une antiquité reculée , & les aller chercher au treizième siècle , afin de leur donner un air plus respectable. D'ailleurs, elles ne sont pas, au fond, de si ancienne date : on sait positivement qu'elles n'existent que depuis peu d'années. Car il n'est que trop certain qu'on a entretenu par les ruses les plus fines , les troubles en Pologne , dans la vue de conduire notre Royaume au terme fatal où l'on pourroit lever le masque impunément. L'illustre Auteur des Mémoires de Brandebourg loue lui-même son père, Frédéric-Guillaume, d'heureuse mémoire , (Supplément aux Mémoires

de Brandebourg, Edition de Berlin, 1751,
*in-*8°. page 73.) de ce que lorfqu'il fut animé
par la France à prendre en féqueftre la province
de Pruffe-Polonoife, pour foutenir, en 1734,
l'élection de Staniflas, il ait refufé cette pro-
pofition comme injufte. « Il croyoit (ce font
» fes termes,) l'entreprife fur la Pruffe-Polo-
» noife, injufte ». La prétention fur cette
province n'a donc pas été tenue fondée en
droit avant le règne du Roi de Pruffe aujour-
d'hui régnant. Mais depuis 1740, les chofes
ont changé de face. « Quatre points princi-
» paux, dit l'Auteur des Matinées d'un Roi,
» à la page 32, s'offroient à mes yeux ; la Si-
» léfie, la Pruffe-Polonoife, la Gueldre-Hol-
» landoife, & la Poméranie-Suédoife. Je me
» fixai à la Siléfie, —— & je laiffe au tems le
» foin d'exécuter mes projets fur les autres
» points ».

Dans les Traités de paix de Bromberg &
d'Oliva, dont le dernier a été renverfé de fond
en comble par les occupations actuelles, &
faites fans confulter les garants de ce même
Traité, la propriété de la Pruffe-Polonoife n'a
pas été conteftée au Royaume de Pologne ; &
lorfqu'en 1764 la République accorda à Varfovie, en pleine Diète, le titre de Roi à Sa
Majefté le Roi de Pruffe, aujourd'hui régnant,

ce Prince garantit à la République toutes ſes terres & poſſeſſions , & renonça à toute prétention quelconque ſur ces mêmes poſſeſſions (1).

Lorſque le deſſein d'occuper la Pruſſe-Polonoiſe éclata dans le public , les politiques s'imaginèrent qu'on en prendroit le prétexte du côté de la Pruſſe-Brandebourgeoiſe. On crut que le Roi de Pruſſe avoit deſſein de réunir toute la Pruſſe , telle que les Chevaliers Teutoniques l'avoient poſſédée autrefois ; & qu'à titre de ſucceſſeur de l'ancien Grand-Maître , il s'approprieroit la Pruſſe-Polonoiſe au mépris de la paix de Thorn de 1466 , en vertu de laquelle cette Pruſſe avoit été partagée entre la Pologne & l'Ordre. La médaille frappée à l'occaſion de l'hommage prêté à Marienbourg, paroît même appuyer cette opinion. La deviſe, *Regno redintegrato* , parle inconteſtablement de la réintégration du Royaume, & fait viſi-

---

(1) Voici les propres termes des Reverſales remiſes en pleine Diète le 27 Mai 1764, par les Ambaſſadeurs de Pruſſe, le Prince Carolath, & M. de Benoît : « Ne hoc recognitio nec juribus nec poſ- » ſeſſionibus Reipublicæ ſit damno vel præjudicio--- » nec animum nec mentem eſſe, uſu hujus Tituli » Tractatibus & conventionibus quidquam præju- » dicii afferre ».

blement allufion à la réunion de notre province à la Pruffe , qui reçoit par-là les mêmes limites qu'elle a eue anciennement fous les Grands-Maîtres de l'Ordre Teutonique. On n'en qualifie pas moins , dans les lettres-patentes publiées à l'égard de l'adminiftration de la juftice dans la province nouvellement acquife , en date du 28 Septembre , de partie réincorporée & réunie au Royaume de Pruffe , la terre qu'on vient de nous enlever ; & on y dit , que les loix , la juftice & la police y doivent être adminiftrées fur le pied qu'elles le font dans le Royaume de Pruffe. Il eft vifible , outre cela , que par l'occupation de la Pruffe-Polonoife , on a eu en vue de réintégrer le Royaume de Pruffe , attendu qu'on n'a donné à la Diète de Ratisbonne aucune connoiffance d'un aggrandiffement auffi confidérable en faveur de l'Empire , ce qui auroit été indifpenfablement néceffaire , fi le Roi de Pruffe eût voulu , en qualité de Prince de l'Empire , ajouter le pays pris fur nous à la Marche de Brandebourg ou à la Poméranie.

De tout ceci , il réfulte un contrafte fingulier entre les lettres-patentes du 13 Septembre , dans lefquelles les prétentions fur nos provinces ne font déduites , ni des terres de Pruffe , ni des anciennes poffeffions des Grands-

Maîtres Teutoniques ; mais plutôt de la Poméranie & de la Nouvelle-Marche.

La Cour de Pruſſe n'a eu garde de déduire ſon droit prétendu ſur la Pruſſe-Polonoiſe , de celui des Grands-Maîtres ſur cette province , puiſque dans ce cas elle auroit dû l'étendre encore ſur la Courlande, la Sémigalle & l'Eſthonie, comme partie intégrante de l'ancienne Grande-Maîtriſe. Par-là on craindroit également d'ouvrir les yeux à une Cour voiſine , avant qu'on ſoit en état de lui tenir tête , ou de lui faire naître des ſoupçons , qui ne ſont que trop fondés , d'un aggrandiſſement ſans bornes. C'eſt pour cette raiſon qu'on s'eſt reſtreint, dans ce moment-ci , à des prétentions que la triſte ſituation de notre Royaume pouvoit favoriſer , en renvoyant à des tems plus favorables l'exécution du plan formé à l'égard des autres parties de la Grande-Maîtriſe Teutonique : plan dont le but eſt de réunir tout ce que l'Ordre a poſſédé le long de la Mer Baltique , depuis Stolpe juſqu'à Narwa , & de conſommer, de cette manière , la formation du Royaume Baltique.

Et les prétentions ſuppoſées de la Pruſſe-Polonoiſe , en quoi conſiſtent-elles donc proprement ? Au fond, elles ne peuvent regarder que la petite Poméranie , autrement dite la Pomé-

rellie. « Cette Pomérellie a été poffédée jadis
» par un certain Duc, Meftvin II, de la Mai-
» fon de Poméranie ; & lorfqu'il mourut à
» Dantzig, fa réfidence, la Pomérellie, anroit
» dû tomber en partage à fes coufins les plus
» proches ; favoir, les Ducs de Poméranie de
» la branche de Stettin, en qualité de co-in-
» féodés ; mais ce furent les Polonois qui s'en
» s'en emparèrent, & c'eft de ceux-ci que les
» Chevaliers de l'Ordre Teutonique l'ont en-
» fuite reprife. Or, la Poméranie n'a jamais
» renoncé à fon droit, ni cédé par aucun Traité
» de paix ladite Pomérellie (1). Et les Elec-
» teurs de Brandebourg ayant hérité, après la
» mort des Ducs de Poméranie, de toutes les
» poffeffions de ceux-ci, & fuccédant par con-
» féquent dans tous leurs droits, ils redeman-
» dent leur héritage, & nommément la Pomé-
» rellie ». Il faut avouer que ce raifonnement
eft puifé dans des tems fi éloignés & fi obfcurs,

---

(1) Le Brandebourg n'a pu céder par aucun Traité
de paix un Droit qu'il n'a jamais eu fur la Pomérellie. Celui même qu'il auroit pu avoir, il l'avoit
perdu dès l'année 1311, lorfque cette Province fut
vendue aux Chevaliers Teutoniques pour la fomme
de dix mille marcs, par les Marggraves d'alors
Voy. Gafp. Schtiüz, & Garcæus, p. 103.

que les fecours de l'hiftoire font abfolument
infuffifans pour les appuyer , laquelle ne ré-
pand ni affez de jour fur la généalogie des différentes branches des Ducs de Poméranie d'a-
lors , entre lefquels le pays étoit partagé , ni
fur la portion de chacun de ces Ducs , ni fur
leurs droits & alliances réciproques, ni fur les
noms même de tant de petits Princes. Mais
c'eft précifément de ces tems obfcurs que de
pareilles prétentions peuvent être le mieux déduites , fur-tout lorfque la défectuofité des
preuves peut être foutenue par des régimens &
du canon. Meftvin II, ou Moftogin, ou Mef-
cingus , ou bien Meftojus , (car l'hiftoire lui
attribue tous ces noms ,) poffeffeur de la Pomérellie , décéda fans héritier , & légua par
fon teftament, fa petite portion de terre à Prémiflas , Duc de la Grande-Pologne & de Cracovie, depuis Roi. Il fit plus, il fit prêter hommage par fes fujets, dès fon vivant, audit Roi,
ainfi qu'il eft dit par *Cromer de Rebus Poloniæ, Lib. X. pag. 176.* « Succefforem fibi, de-
» fignavit & mox Pomeranos in verba ejus
» adegit, & intra quartum annum mortuus,
» vacuam ipfi Pomeraniæ poffeffionem reli-
» quit ». Mais il s'agit de favoir fi le Duc
Meftvin, de la branche de Dantzig, étoit fondé en droit à laiffer par teftament fes poffeffions

au Roi de Pologne Prémiflas , fon neveu , fils
de fa fœur. Elles devroient, au dire des lettres-
patentes, retomber à fes co-inféodés (1). Mais
ce qu'on avance à ce fujet eft fans preuve.
D'où fait-on qu'en ces tems le Droit féodal
fût & dans la même forme , & de la même
validité qu'il eft aujourd'hui ? Il n'eft nullement probable que le Droit féodal , qui, ori-
ginairement eft un droit des Germains, ait jamais été , ou ait pû être même en ufage parmi
des Nations d'origine Slave , tels qu'étoient les
Vandales , les Caffubes , les Poméraniens &
les Polonois. On peut prouver , au contraire,
par les annales de ces tems, 1°. Que les Princes appanagés poffédoient leur portion de terres en pleine propriété. 2°. Qu'ils n'étoient en
aucune obligation réciproque & néceffaire vis-
à-vis de leurs coufins. 3°. Qu'ils pouvoient dif-
pofer à leur gré de leurs poffeffions, & les

---

(1) Suppofé qu'il y ait eu des co-inféodés , (mais
on ne l'accorde point) on demande qui étoit le Seigneur Suzerain , dont ce fief relevoit ? Suivant le
Droit féodal de ce tems, ce devoit être l'Empereur
Romain. Et dès-lors , quelle eft la conféquence que
la Maifon de Brandebourg en peut tirer en fa faveur,
la Poméranie ayant dû en ce cas retomber à l'Empire
après l'extinction de la ligne des Ducs de Poméranie ?

tranſporter , au moins par teſtament , à qui bon leur ſemb oit : ce qui eſt prouvé par une infinité d'exemples. Par quel droit donc prétend-on mettre le bon Meſtvin II en minorité, & invalider le teſtament qu'il a fait, vu, ſurtout, qu'il n'a point légué ſon pays à quelque étranger , mais à un parent beaucoup plus proche que ces couſins, de la branche de Wolgaſt & de Stettin ; proximité fondée , ſinon ſur le Droit féodal , dont l'obſervation parmi les peuples Slaves de ce tems ne ſauroit être prouvée , du moins en vertu du Droit de la nature , en uſage parmi ces peuples? L'hiſtoire ne nous dit pas non plus , ni que ſes couſins & leurs ſucceſſeurs ayent jamais porté plainte contre l'aliénation de cette partie de leur héritage, ni que l'Empire d'Allemagne en ait porté à ſon tour ſur le divertiſſement de ce fief. Il eſt aiſé de prouver, d'ailleurs, qu'en Poméranie la ſucceſſion au Gouvernement n'étoit pas reſtreinte à la ſucceſſion de la ligne maſculine, (ce qui auroit dû être , ſi le Droit féodal eût été en vigueur.) Cette vérité peut être ſoutenue par des argumens ſi invincibles , qu'il ne reſtera pas la moindre réplique à la Maiſon de Brandebourg. Il faut obſerver , au ſurplus, que ce fut au quinzième ſiècle , ſavoir en 1464 , que la ſeconde ligne de Stettin fut éteinte en la perſonne du Duc Otton III , époque où le Droit d'Allemagne étoit déjà plus uſité en Poméranie, qu'il ne l'avoit été au treizième ſiècle. Après ſa mort, l'Electeur de Brandebourg, Frédéric II (1) , tenta de s'approprier ces poſſeſſions , en vertu d'un ancien pacte de confraternité , quoique la branche des Ducs de Poméranie de Wolgaſt exiſtât encore ; mais les deux frères de cette branche , Eric II & Vratiſlas X , ſe maintinrent dans la poſſeſſion des terres de Stettin, en repouſſant, par l'aſſiſtance de l'Empereur Frédéric III , les Brandebourgeois, qui firent des invaſions. Voyez l'Hiſtoire Eccléſ. de Poméranie , par Daniel Cramer, Liv. II, Chap. 44, pag. 112. Il faut donc , ou que l'Electeur Frédéric II ait commis une injuſtice impardonnable en voulant s'emparer , par la voie des armes , des terres de Stettin , quoiqu'il ne pût prétexter aucune parenté , & tandis que les plus proches couſins & co-inféodés ſubſiſtoient encore à Wolgaſt ; ou l'on eſt obligé d'admettre que Prémiſlas de Pologne pouvoit ſuccéder, par teſtament, dans les poſſeſſions de ſon oncle Meſtvin II , frère de ſa mère , au préjudice des Ducs de la Poméranie

---

(1) *Voyez* Zacch. Garcæus de Rebus geſtis Marc. Brandeb. pag. 106.

citérieure. De tout ceci il résulte, par une conséquence juste & incontestable, que si la Pomérellie est parvenue d'une manière légale au Roi de Pologne Prémislas, elle a aussi été détachée légalement du Duché de Poméranie, s'il est vrai (ce qui auroit dû être prouvé préalablement,) qu'elle ait fait partie de ce même Duché, & qu'elle n'a pas formé un pays séparé, ainsi que le nom de Cassubie (1), qu'elle porte, semble même le dénoter ; & d'où il

---

(1) J'en cite pour garant Nicolas Leuthinger, Historien célèbre & sans reproche sur ce qui concerne les affaires de Brandebourg. « Cassubia, *dit-il* » *à la page 40 de sa Topographia*, prior Marchiæ, » jurisdictionis fuit Polonorum. Ejus Princeps Janufus filiam habebat formosam, quam Sventopol- » cus in matrimonium, ex Lesci Regis consilio du- » cebat, nec multo post Janufus obit. Sventopol- » cus igitur Cassubiam occupat, contra assensum » Regis, quo ingratissime in balneis obtruncato, » ipsum cum Pomerania (nimirum Pomerellia) di- » vellit à Polonia, cui hactenus mille auri Marcas » pependerat ». Si ce n'est donc que par le Duc Sventopol, que la Cassubie a été incorporée aux États des Princes de la Poméranie ultérieure, il est très - décidé, qu'un de ses descendans, savoir Mestvin II, ou bien Mescingus, comme il est appellé par Garcæus, p. 206, n'a point été dans l'obligation de léguer cette Poméranie à ses cousins de la ligne citérieure, préférablement à son neveu, fils de sa sœur.

s'enfuivroit que les Ducs poſtérieurs de la Poméranie n'étoient nullement fondés en droit
de la réclamer.

Mais poſé même (ce que l'on eſt bien éloigné d'accorder,) que la ligne éteinte des Ducs
de Poméranie eût été léſée par le teſtament de
Meſtvin II, & qu'elle eût pu former de juſtes
prétentions ſur la Pomérellie, le même droit
ne pourroit pas pour cela appartenir aux Electeurs de Brandebourg. Les Rois de France
d'aujourd'hui ſont-ils fondés à former des prétentions ſur toute l'Allemagne, l'Italie & la
Catalogne, par la raiſon qu'ils ont ſuccédé à
la Tige royale des Carolingiens? Perſonne ne
ſauroit hériter que de ce qu'il trouve dans la
ſucceſſion lorſqu'elle eſt ouverte. Nul héritier
n'eſt en droit de redemander ou ce qui a été
perdu, ou ce dont il a été fait donation par le
défunt dès ſon vivant. Les Electeurs de Brandebourg n'ont donc pu hériter du Duc Bogislas XIV de Poméranie, dernier mort, que ce
que la Poméranie renfermoit alors dans ſes limites. D'ailleurs, le droit des Electeurs de
Brandebourg ſur la Poméranie n'étoit plus fondé ſur aucun droit de parenté ou de conſanguinité, mais ſur un pacte de confraternité que
les Electeurs de la Maiſon de Bavière, de ce
tems, avoient fait avec le Duc Barnim le

Grand, qui décéda en 1386. Ce pacte de confraternité étoit antérieur de beaucoup aux tems auxquels la Maison Royale de Hohenzollern, aujourd'hui régnante, parvint à la dignité Electorale, ce qui n'arriva qu'en 1417, & qu'elle ne put, par conséquent, prendre aucune part à ce pacte. Il faut ajouter à cela, que lors de l'établiſſement de ce pacte de confraternité entre Barnim le Grand & les anciens Electeurs de Brandebourg, la Caſſubie, ou Pomérellie, étoit certainement déjà détachée de la Poméranie. Elle ne pouvoit donc, en aucune manière, former un objet de ce même pacte de confraternité, ni donner non plus aux Electeurs de Brandebourg un droit quelconque ſur ladite Pomérellie.

On peut voir d'un ſeul coup-d'œil combien toutes ces prétentions ſont recherchées de loin, & en ſuivant la chaîne des raiſonnemens qui leur ſervent de baſe, combien elles ſont foibles & peu fondées. D'abord la ligne des Ducs de la Poméranie citérieure auroit dû hériter de la ligne des Ducs de la Poméranie ultérieure, éteinte en la perſonne de Meſtvin II de Dantzig. On accorde cet article, quoiqu'il ſoit encore très-ſujet à caution. Enſuite, après l'extinction de la ligne des Ducs de la Poméranie citérieure, la Maiſon de Bavière, établie

dans

dans le Brandebourg , devoit fuccéder , en
vertu d'un ancien pacte de confraternité ; mais
c'étoit dans un tems où la Pomérelle ne faifoit plus partie de la fucceſſion. La Maiſon
Electorale de Brandebourg de la tige de Bavière étant venu à manquer , l'Electorat parvint ,
par achat , aux Princes de la Maiſon de Lutzelbourg , & de ceux-ci , en qualité de Fief de
l'Empire , à la Maiſon Electorale de Hohe-
zollern. Avec quelle ombre de juſtice la Maiſon Electorale de Hohenzollern prétend-elle
donc aujourd'hui former des prétentions fur la
Pomérellie ?

Les raiſons par leſquelles notre trop puiſſant
voiſin veut juſtifier la priſe de poſſeſſion d'une
partie conſidérable de la Grande-Pologne en-
deçà de la Notetz , ſont pour le moins auſſi
chétives. Elle doit avoir appartenu jadis à la
Nouvelle-Marche , dont elle a été arrachée injuſtement par nos pères , & appropriée à la Pologne , de qui le Roi de Pruſſe , en qualité d'E-
lecteur de Brandebourg , eſt fondé en droit de
la revendiquer & de la reprendre. Je ſais , à la
vérité , que la portion de terre ſituée au-delà
de la Notetz , a fait partie autrefois de la Poméranie ultérieure , ou plutôt de la Caſſubie ;
mais que cette même portion ait appartenu à la
Nouvelle-Marche , & ſur-tout dans le tems où

l'Electeur Sigifmond de la Maifon de Lutzelbourg engagea cette Marche aux Chevaliers
Teutoniques, c'eft ce qu'on ne fera jamais en
état de prouver. Il eft de fait que la Pologne,
dans ces tems-là, a eu du côté de la Pomérellie les mêmes frontières qu'elle a aujourd'hui.
Rien n'en a été démembré durant la guerre de
notre Roi Jagellon entre les Chevaliers Teutoniques. Les poffeffeurs de la Pruffe étoient
donc en état de revendre, en 1455, à l'Electeur Frédéric II la Nouvelle-Marche avec les
mêmes limites qu'elle avoit été achetée ci devant; & fi quelque partie en eût été démembrée, l'Electeur Frédéric II n'auroit certaine-
medt pas manqué d'en demander reftitution
aux Polonois. Il en avoit l'occafion la plus favorable du monde. La Pologne, engagée alors
dans une guerre de treize ans contre les Chevaliers Teutoniques, qui, pour foutenir cette
guerre, avoient vendu la Nouvelle-Marche,
n'auroit pas balancé à donner quelque chofe à
l'Electeur, s'il eût voulu faire caufe commune
avec elle contre ces mêmes Chevaliers. Mais
ce qui paroîtra plus fingulier, fans doute,
c'eft que tandis que la Cour de Berlin prétend
pouvoir former des plaintes par rapport à la
diminution d'une partie de la Nouvelle-Marche, nous foyons, au contraire, bien mieux

fondés à lui retorquer les mêmes plaintes.
Toute la Nouvelle-Marche ne confiste qu'en
pièces ou portions de terre arrachées à la Poméranie & à la Pologne. La dénomination
même de Marche‑Nouvelle ne dénote-t-elle
pas déjà que c'eft un pays ajouté à la Marche ?
Les Marggraves , en qualité des Princes de
l'Empire , avoient pour maxime de fubjuguer
tous les peuples Slaves quelconques , foit Vandales , foit Poméraniens , foit Polonois. Ils l'ont
exécuté avec beaucoup de bonheur & de fuccès
dans toutes les contrées fituées entre l'Elbe &
la Warte , & ils ont peuplé le pays de colonies
attirées de l'Allemagne , & fur-tout des Pays-
Bas. Albert Krantz , natif de Hambourg ,
dans fon livre intitulé , *Vandalia* (1) ; & après
lui , notre Martin Cromer , Liv. XI , p. 180 ,
difent expreffément , qu'après l'affaffinat de
notre Roi Prémiflas , plufieurs villes ont été
arrachées à la Pologne , dont on a formé la
Nouvelle-Marche. On fait encore par l'hiftoire , que les mêmes Marggraves ont enfuite

______

(1) Lib. VII , cap. 40 , p. 169. La même chofe
eft atteftée par Zacch. Garcæus de Reb. geft. March.
Brand. L. II , p. 99 & 123 , & plus bas , p. 203 , il
dit pofitivement que la Nouvelle-Marche a fait partie de la Caffubie.

porté leurs vues jufques fur la Pomérellie &
fur la ville de Dantzig. Nous pourrions donc,
d'après ce qui vient d'être dit, former à notre
tour les prétentions les plus juftes & les mieux
fondées fur la Nouvelle-Marche, comme nous
ayant jadis appartenu en propre, fi nous vou-
lions fouiller les anciennes annales & déduire
nos titres du treizième fiècle, & fur-tout fi nous
étions en état de foutenir nos prétentions par
des armées formidables (1). Mais adoptons,
pour un moment, que la Pologne fe foit em-
parée du Diftrict fitué au-delà de la Notetz, &
faifant ci-devant partie de la Marche Brandebourgeoife, ce ne feroit point fur le propriétaire, favoir l'Electeur de Brandebourg, qu'elle
auroit conquis ce Diftrict, attendu qu'au quatorzième fiècle elle n'a jamais été en guerre, ni
avec les Electeurs de la Maifon de Bavière, ni
avec ceux de la Maifon de Lutzelbourg; ce

____

(1) Le contrat paffé entre le Roi Jagellon & l'Élec-
teur Frédéric I, au moyen duquel Frédéric II, fils
de Frédéric I, devoit, en époufant la Princeffe Hedwige de Pologne, obtenir en dot ce Royaume, à
condition cependant qu'il réuniroit audit Royaume
la Marche, qui autrefois en avoit été démembrée,
prouve inconteftablement que la Nouvelle-Marche
a appartenu jadis à la Pologne. *Voy.* Leuthinger in
Topographia pofteriore, p. 101.

feroit plutôt , & de l'aveu même des lettres-
patentes de la Cour de Berlin à leur ennemis,
aux Chevaliers Teutoniques , qu'elle l'auroit
enlevé. Par conféquent la Pologne auroit poffédé ce Diftrict par le droit de la guerre , *jure
belli* ; & ce feroit donc , dans la rigueur , aux
Chevaliers Teutoniques que la Maifon de
Brandebourg auroit à s'adreffer pour la réparation des griefs & pertes dont elle fe plaint , fuppofé que ces Chevaliers euffent poffédé injuftement le territoire en queftion , & non à la
Pologne , qui , en tout ceci , eft à l'abri de tout
reproche (1).

Tout ce qu'on vient de dire eft abfolument
conforme au droit des gens en ufage parmi
toutes les Nations depuis un tems immémo-

---

(1) La fource des prétentions de la Cour de Berlin fur toutes les poffeffions des anciens Chevaliers
Teutoniques , favoir , la Courlande , l'Efthonie , &
la Semigalle , de même que fur tout ce qu'ils ont
poffédé en Allemagne , ne fauroit échapper à l'œil
tant foit peu clairvoyant. Et bientôt , peut-être , les
négociations finement conduites du Cabinet de Poft-
dam ameneront-elles le moment où l'on pourra faire
valoir ces Prétentions. A en juger par ce qui s'eft
paffé depuis 1740 , & nommément pendant la dernière guerre , l'avenir ne préfente qu'une perfpective
fort inquiétante.

Q 3

rial. On en pourroit citer nombre d'exemples tirés des annales du monde ; on n'en n'alléguera qu'un feul, pris dans l'Hiftoire Sainte au ch. XI du Livre des Rois dans l'Hiftoire de Jephté. Les Ammonites portent précifément les mêmes plaintes contre les Ifraélites que nous voyons porter aux Brandebourgois contre nous ; favoir, que les Ifraélites auroient occupé, depuis l'Arnon jufqu'à Jacob, toutes les terres qui autrefois avoient appartenu aux Ammonites. A quoi les Ifraélites répondirent, que c'étoit aux Ammorrhéens leurs ennemis, & non à eux, que ces terres avoient été prifes, & poffédées enfuite tranquillement l'efpace de trois cents années, fans la moindre oppofition de la part des Ammonites. « Que ne fauviez-vous votre » Pays dans ce tems-là ? » Et Jephté conclut, que les Ammonites en agiffoient mal vis-à-vis d'Ifraël, en lui déclarant au bout de trois cents ans la guerre au fujet d'un Pays qu'Ifraël avoit conquis dans le tems fur leurs ennemis. V. 27, & Dieu décida en faveur de la bonne caufe d'Ifraël (1).

______

(1) L'Auteur auroit pu s'épargner de citer la Bible ; ce n'eft fûrement point dans cette fource que certains Princes puifent les règles de leur Politique ; & il faut avouer que celle du Peuple Juif n'eft guère propre à fervir de modèle.

Note de l'Éditeur.

Au reste ce n'est point encore là à quoi les prétentions de la Cour de Berlin se bornent ; cette Cour porte plus loin ses vues. Comme la Maison Royale & Electorale a été privée pendant 450 ans de la jouissance de belles possessions situées entre la Vistule, la Mer Baltique, & la Notetz, elle demande à titre de dommages & intérêts toute la Prusse-Polonoise le long de la rive droite de la Vistule ; c'est-à-dire, les Palatinats de Marienbourg & de Culm, ainsi que l'Evêché de Warmie. Mais supposé encore que les prétentions de la Cour de Berlin fussent fondées, (ce qu'on nie absolument) l'amélioration très-considérable du Pays pourroit bien être mise en ligne de compte en déduction de la non-jouissance. Quelle différence entre la Cassubie du tems de Mestvin II. où, hormis Dantzig, il n'y avoit point de Villes, & le Palatinat de Pomérellie d'aujourd'hui, renfermant une vingtaine de Villes bâties par les Chevaliers Teutoniques! Une autre indemnisation de la non-jouissance, sont les sommes immenses qu'on a sçu tirer depuis trois années sous le spécieux prétexte de Cordon pour la peste, de la Prusse-Polonoise & de la Grande-Pologne, qui sont huit fois plus étendues que la Cassubie ; sommes qu'on a extorquées, soit par des livraisons exorbitantes de grains &

Q 4

de fourages, foit par une Douane établie à Marienwerder, foit par l'introduction de mauvaifes efpeces, foit enfin par des contributions d'argent, fans parler des enrôlemens forcés, de l'enlévement de plufieurs milliers de familles deftinées à former des colonies, & de nombre d'autres moyens, par lefquels on a fçu épuifer les habitans de ces malheureufes Provinces, au point qu'il ne leur refte aujourd'hui que le défefpoir & la plus affreufe mifere. Il eft hors de doute, que les fommes immenfes extorquées de cette manière, excedent de beaucoup le revenu que le Duc Meftvin II, ainfi que fes fucceffeurs auroient tiré de la Caffubie telle qu'elle étoit il y a 470 ans; les Polonois n'ont donc que trop payé par-là la non-jouiffance en queftion (1).

Si dans une affaire de la nature de celle-ci, il n'étoit queftion que de raifons & d'argumens, s'il n'étoit néceffaire d'appuyer les uns & les autres par des preuves inconteftables, il nous

______

(1) Cette manière de raifonner ne nous femble pas concluante : fi les droits du Roi étoient fondés, il ne paroît pas qu'on pût lui refufer un indemnifation pour la non-jouiffance d'un pays qui lui appartiendroit, & dont il auroit été dépouillé dans la perfonne de fes ancêtres.

Note de l'Éditeur.

feroit aifé de former à notre tour des Prétentions femblables à celles de la Cour de Berlin,
& d'en démontrer la juftice de la même manière. Tout le monde fçait qu'autrefois la Siléfie a fait partie de la Pologne, & qu'elle a
été gouvernée par des Princes de la Maifon
des Piaftes. Ces Piaftes fe détachèrent de la
Pologne par la fuite, & devinrent feudataires
de la Bohême. Ils étoient auffi peu autorifés à
cette démarche, que l'étoit Meftvin II. Duc de
Caffubie de léguer fa petite poffeffion au Roi
Prémiflas de Pologne. Par la même raifon que
la Poffeffion de Meftvin devoit après fon décès
retourner aux Ducs de la Poméranie citérieure,
la Siléfie, après l'extinction des Piaftes, qui
l'avoient poffédée, devoit retomber en partage
aux Piaftes de la Pologne leurs plus proches
coufins. La ligne des Piaftes a été éteinte à la
vérité dans les perfonnes du Roi Cafimir & de
Januf, Duc de Mafovie, ainfi que la ligne des
Ducs de Poméranie, s'étoit éteinte en celle de
de Bogiflas XIV. Mais les Jagellons, & après
eux les Rois électifs de Pologne en qualité de
leurs fucceffeurs & héritiers légitimes, ont
auffi fuccédé dans tous leurs droits, de la même manière que les Electeurs de Brandebourg
de la Maifon de Hohenzollern ont fuccédé
aux droits des Ducs de la Poméranie. Cepen-

dant notre Siléſie a été occupée par les **Rois** de Bohême en vertu & à titre de Droit de Vaſſelage, ainſi que la Caſſubie a été poſſédée par les Chevaliers Teutoniques en vertu du droit de la guerre; & c'eſt de la Couronne de Bohême que le Roi de Pruſſe a obtenu cette même Siléſie par la Paix de Breſlau en 1743, ainſi que nous obtinmes des Chevaliers Teutoniques la Caſſubie par la paix de Thorn en 1466. Or comme dans ce cas-ci la preſcription ne peut avoir lieu, nous allons reprendre ce qui nous appartient, n'étant pas d'humeur de laiſſer plus long-tems en des mains étrangères notre Siléſie, uſurpée ſur nous depuis tant de ſiécles; & pour nous dédommager de la non-jouiſſance d'une Province ſi importante, nous allons nous emparer auſſi de toute la Marche de Brandebourg ... dès auſſi-tôt que nous ferons en état de le faire. Beau ſonge, dira quelqu'un peut-être! Songe, ſi vous voulez; mais ſeroit-il donc tout-à-fait impoſſible que ce Dieu qui a été de tout tems le ſoutien des opprimés, exécutât par nos bras un projet qui, à l'heure qu'il eſt, pourroit paroître preſqu'inſenſé? Cependant l'Hiſtoire nous fournit plus d'un exemple de revers de fortune plus grands & plus inopinés encore. Et ſans aller bien loin, n'avons-nous pas vu de nos jours des Héros qui faifoient trembler l'Europe, réduits à deux doigts de leur perte? Quelquefois la mort d'une feule tête couronnée arrivée deux ou trois mois plutôt ou plus tard, n'auroit-elle pas pû opérer des changemens très-confidérables dans les progrès des plus brillantes victoires?

J'ai dit que fuivant les principes du droit de la nature la prefcription ne peut avoir lieu dans le cas fus-mentionné. Je fonde mon opinion à cet égard fur ce que la queftion n'eft pas encore décidée. Mais quoi qu'il en foit, ce qu'il y a de certain, c'eft qu'il feroit d'une néceffité abfolue, pour la fûreté & le repos des Nations, que cette prefcription fût adoptée. Et Grotius a raifon de dire au Lib. II, ch. 4, §. 1 de fon Droit de la Guerre & de la Paix (1), que fans cela les différens touchant les États & leurs limites feroient fans fin, & les guerres entre les différents Peuples continuelles. Puifer la juftice de fes prétentions dans des tems auffi reculés & auffi obfcurs, où les poffeffions étoient fi incertaines, où les Provinces paffoient fi fouvent d'une domination à l'autre, c'eft prouver

---

(1) *Voyez* le paffage de Grotius au lieu cité, & dans la Note 12 fur les Obfervations, fur les Déclarations des trois Cours.

Note de l'Éditeur.

indubitablement qu’on n’a pas de bonne raifon à alléguer , & montrer l’envie qu’on a de
troubler le monde par des guerres injuftes. Car
le moyen de prouver que dans ces anciens
tems , pour lefquels l’Hiftoire nous refufe fon
flambeau, les Nations n’ayent pas terminé leurs
différens par des accommodemens ou par des
Traités de Paix ? Le moyen de foutenir , par
exemple , que dans le préfent cas, les Ducs de
la Poméranie citérieure ne fe foient accommo-
dés peut-être , ou avec les Polonois , ou avec
l’Ordre, par rapport à la Caffubie , & que par
là ils n’ayent ôté d’avance à leurs fucceffeurs
tout fujet de recherches ? Et quand cela ne feroit pas une chofe , qui de tems immémorial
n’a été ni redemandée ni répétée formelle-
ment , doit néceffairement être tenue pour dé-
laiffée & abandonnée. Mais il eft de fait , que
depuis 1454 , la Maifon Electorale de Brandebourg n’a jamais formé la moindre prétention fur la Pomérellie & fur les terres en-delà
de la Notetz en vertu du Pacte de confraternité des Ducs de Poméranie. Elle fe feroit
donc défiftée volontairement de fon droit fur
ces deux Provinces, fuppofé qu’elle en eût un,
& y auroit renoncé tacitement. Et en ce cas,
d’où vient qu’elle prétend faire revivre aujour-
d’hui ce droit ? Mais fuppofons encore , pour

terminer toute difcuffion, que les prétentions
de la Cour de Berlin foient fondées en droit,
ne pourroit-on pas les faire valoir & les décider par la voie des négociations vis-à-vis d'un
État auffi épuifé que la Pologne ? Pourquoi la
Cour de Berlin excite-t-elle contre cet État
deux autres Puiffances refpectables, qui depuis
nombre d'années en ont agi généreufement envers ce malheureux Royaume, & dont l'une
fur-tout, comme amie naturelle, venoit de
conclure avec nous, en 1768, une alliance folemnelle, par laquelle elle nous garantiffoit,
aux yeux de l'Europe entiere, toutes nos poffeffions ? Alliance qui eft devenue Loi fonda-
mentale de la Pologne. Pourquoi porte-t-elle
par différentes démarches ces Cours à participer à ces entreprifes fur les poffeffions de la
République ? Démarche dont elles ne tarde-
ront pas de fe repentir, lorfqu'elles s'apperce-
veront que le but de la Cour de Berlin n'eft
rien moins, que de s'emparer de l'important
commerce fur la Viftule, & de l'unique Port
de la Pologne, & par-là de tout le commerce
de la Baltique pour ainfi-dire. Auffi notre voifin, ou pour mieux dire notre Souverain ac-
tuel, maître de toutes les rivieres de la Pologne, qui fe jettent dans la Baltique, excepté
la Dzwina, ne tardera-t-il pas à tirer de fes

nouvelles acquiſitions le plus grand avantage poſſible. Non-ſeulement il s'empreſſe de s'y affermir, mais il prend encore au-delà de ce que les deux autres Puiſſances lui ont accordé. La Patente par laquelle Sa Majeſté Pruſſienne publie ſes prétentions eſt datée du 13 Septembre 1772. Le même jour on prend Elbing à main armée, on en chaſſe notre garniſon, & l'on indique le 27 du même mois pour la preſtation du ſerment de fidélité, ſans que ni les Vaſſaux ni les Officiers & Employés ayent pû être déliés par leur Roi légitime du ſerment de fidélité, qu'ils lui ont prêté. Le 18 Septembre l'Envoyé de Pruſſe à Warſovie fait enfin quelques ouvertures vagues des deſſeins de ſon Maître; mais en même tems les nouvelles acquiſitions ſont inondées de troupes, & chargées d'impôts exorbitans; & les levées pour pluſieurs nouveaux Régimens ſont commencées & pouſſées avec rigueur. Jamais Nation libre & pacifique, laquelle, à ſon grand dommage, n'a que trop manifeſté pendant la dernière guerre, (ſçavoir depuis 1756, juſqu'en 1762) ſes ſentimens amiables envers ſon voiſin, n'a été traitée avec auſſi peu de ménagement, & pillée d'une maniere ſi révoltante.

Dans une ſi triſte ſituation il ne nous reſte ſans doute d'autre reſſource que de remettre notre bonne caufe à l'Eternel. Qu'il prononce aujourd'hui entre nous & nos adverfaires, & qu'il diffipe les Peuples aimants la guerre. D'ailleurs il nous refte un Roi digne de plus d'une Couronne, & fur qui le bras de l'Eternel a manifefté fa Puiffance d'une manière vifible dans cette nuit d'horreur du 3 Novembre 1771. C'eft alors qu'il a fait voir à l'Univers, qu'il pouvoit & qu'il vouloit rendre heureufe un jour une Nation tombée dans l'abbatement, & pour ainfi-dire, anéantie. Montrons à l'Europe entière, de quoi cette même Nation, naturellement libre & courageufe, eft capable fous les aufpices d'un Prince fage & chéri, & quelle différence il y a entre l'ardeur de guerriers généreux, qui en fe foumettant aux régles d'une bonne difcipline, facrifient leur vie & leurs biens en combattant pour la liberté de leur patrie indignement opprimée, & entre celle de bas & vils mercénaires.

Fin du Tome Premiere.